ARQUÍMEDES PUCCIO

EL SINIESTRO LÍDER DEL CLAN

AMERICAN
BOOK GROUP

INNOVANT PUBLISHING
SC Trade Center: Av. de Les Corts Catalanes 5-7
08174, Sant Cugat del Vallès, Barcelona, España
© 2026, Innovant Publishing SLU
© 2026, TRIALTEA USA, L.C. d.b.a. AMERICAN BOOK GROUP

Director general: Xavier Ferreres
Director editorial: Pablo Montañez
Director de producción: Xavier Clos

Colaboran en la realización de esta obra colectiva:
Directora de márqueting: Núria Franquesa
Project Manager: Anne de Premonville
Office Assistant: Marina Bernshteyn
Director de arte: Oriol Figueras
Diseño y maquetación: Roger Prior
Edición gráfica: Emma Lladó
Coordinación y edición: Adriana Narváez
Seguimiento de autor: Eduardo Blanco
Redacción: Nahuel Machesich
Corrección: Olga Gallego García
Créditos fotográficos: ©Album/KPA-ZUMA; ©Photo by Popperfoto
via Getty Images/Getty Images; ©Album/Rue des Archives/
Bridgeman Images/FIA; ©Bettmann/Getty Images; ©Photo by
Bride Lane Library; ©AP Photo/Wally Fong; ©Photo by Ralph
Crane/The LIFE Picture Collection via Getty Images; ©Album/
Rue des Archives/Bridgeman Images/AGIP; ©Album/Mondadori
Portfolio; ©Garofalo Jack/Getty Images; ©Album/Mondadori
Portfolio.

ISBN: 9781681659022
Library of Congress: 2021946877

Impreso en Estados Unidos de América
Printed in the United States

Índice

Capítulo 1

LA DETENCIÓN
DEL CLAN

«Vi salir una mujer del sótano de mi casa. Ahí me
enteré (de todo). No entendía nada.»
ALEJANDRO PUCCIO, entrevista con el
periodista Mariano Grondona, septiembre de 2000.

E l 23 de agosto de 1985 parecía un viernes cualquiera en la
ciudad de Buenos Aires. Algunos porteños buscaban refugio de los últimos fríos del invierno y otros pensaban en
el fin de semana que estaba por comenzar.

A las siete y treinta de la tarde de ese día, en una gasolinera
del barrio de Floresta, tres hombres aguardaban expectantes
el cumplimiento de las instrucciones que les habían comuni-
cado unas horas atrás a los hijos de su secuestrada. El objetivo
era cobrar un rescate de 250.000 dólares. La víctima era Nélida
Bollini de Prado, una empresaria de 58 años que sus captores
mantenían encerrada desde hacía 32 días en una casa de San
Isidro, el distinguido municipio residencial de la provincia de
Buenos Aires, en Argentina.

Mientras la mujer sufría encadenada a una cama, los secuestradores hacían su negocio. Arquímedes Rafael Puccio, su hijo
Daniel «Maguila» Puccio y Guillermo Fernández Laborda,
su mano derecha, esperaban que todo saliera como lo habían

planeado en el interior de una combi Mitsubishi amarilla y de un Ford Falcon gris.

El líder de la banda, Arquímedes Puccio, había pergeñado un sistema de comunicación por postas con los hijos de la víctima. Consistía en dejar un mensaje escondido en un lugar público —por lo general, un escrito a mano que funcionaba como prueba de vida— y después realizar una llamada a los familiares de la víctima desde un teléfono público. De esta manera, les avisaba en qué lugar habían colocado el papel con la misiva y, de paso, les presionaba para lograr el pago del rescate.

Esta vez había elegido una gasolinera ubicada en la intersección de las calles Mariano Acosta y Gregorio de Laferrere. Allí había dejado un ejemplar del popular periódico *Crónica* con la firma de la mujer secuestrada en la portada.

Pero los Puccio y Fernández Laborda no sabían que estaban siendo perseguidos casi desde el mismo día en que habían iniciado el secuestro. Los hijos de Bollini de Prado habían avisado a la policía desoyendo el consejo de esa voz metálica que desde el otro lado del teléfono advertía una y otra vez: «Si abren la boca, olvídense de ver viva a su madre de nuevo». La justicia había ordenado grabar las conversaciones entre la familia y los secuestradores, y así comenzaron a cercarlos.

La tarde de ese viernes 23 de agosto de 1985, los investigadores advirtieron que los llamados se repetían desde una zona determinada de la ciudad de Buenos Aires. El siguiente paso fue anular seis teléfonos públicos ubicados en el barrio de Floresta, con el fin de reducir la cantidad de aparatos disponibles. Así, cuando los delincuentes hallaron el teléfono que funcionaba, no sabían que habían caído en la trampa.

Apenas se detectó la llamada en la central telefónica de la policía, alertaron a los efectivos que recorrían la zona de manera camuflada, incluso en sus propios vehículos. El mensaje en clave era «tero en el aire», haciendo referencia al ave típica de la pampa argentina que emite agudos chillidos ante la presencia de gente. Cuando las 12 brigadas escucharon esa señal en los *walkie-talkie* de sus coches y supieron inmediatamente la dirección de dónde provenía la llamada, se dirigieron rápidamente hacia la gasolinera.

Los agentes que participaban del operativo eran 40 y pertenecían a la división Defraudaciones y Estafas de la Policía Federal. Cada uno de ellos iba vestido de paisano, sin uniforme, como un vecino más del barrio. Por ese motivo, al recibir la orden de entrar en acción, tomaron por sorpresa a los secuestradores.

Los tres hombres no tenían demasiado margen para escapar. Daniel «Maguila» Puccio, de 22 años, era el segundo hijo varón. También era el más joven y fuerte, como Maguila el Gorila, el protagonista de una serie de dibujos animados de donde provenía su apodo. Intentó resistirse cuando el subcomisario Luis Rubén Motti le detuvo. En el forcejeo logró manotear el arma, pero sin suerte, porque cayó al asfalto y la pistola quedó fuera de su alcance.

En ese momento, la suboficial Liliana Zunino, quien estaba embarazada de tres meses, corrió hacia la trifulca, le dio un golpe en la cabeza a «Maguila» y le apuntó con su revólver. «Estoy preparado para morir», le desafió el joven, mientras le miraba fijamente a los ojos. «Y yo estoy preparada para matarte», le respondió la policía, palabras que se convertirían en una anécdota inolvidable años después.

A pocos metros, Guillermo Fernández Laborda recibía un golpe de puño en uno de sus ojos porque se negaba a responder a la pregunta clave: «¿Dónde tienen a la mujer?». Mientras tanto, el policía Carlos Arias le colocaba las esposas a Arquímedes Puccio, quien a pesar del mal momento tenía tiempo para realizar pedidos extraños: «Que las esposas no me ajusten ni me dejen marcas».

La brigada había cumplido parte de su misión, que consistía en detener a la banda de secuestradores, pero restaba averiguar dónde tenían recluida a la mujer y, por supuesto, liberarla.

Las ametralladoras y las pistolas lograron amedrentar a los delincuentes y rápidamente comenzaron a dar algunas coordenadas. El primero que confesó fue «Maguila». Sin mirar a Arquímedes, dijo: «La tenemos en el sótano de mi casa». Ya abatido y sin escapatoria, el líder de la banda dio más detalles: «Está bien cuidada».

Las brigadas policiales partieron velozmente. En ese momento, mientras era introducido en un patrullero, Arquímedes Puccio dijo algo a los gritos para intimidar a sus captores: «¡La casa está llena de dinamita! ¡Apenas entren, vuelan todos por el aire!». Era su última chance. Una especie de manotazo de ahogado que pretendía dilatar lo inexorable. Estaban poniendo fin a su montaje despiadado y perverso para recaudar dinero. Quizá cuando soltó esa amenaza también pensó en su familia, que en ese mismo momento estaría esperándole para compartir la cena.

Si la policía demoraba su llegada, tal vez su hijo mayor, Alejandro Puccio, sospecharía que algo andaba mal y podrían escapar. Son especulaciones, lo más probable es que haya sido un gesto de resignación después de tantos años de omnipotencia. Había sido amo y señor de un clan que él mismo había creado, y había sido él quien había decidido sobre la vida y la muerte de sus víctimas. Y en ese instante estaba esposado, en el asiento trasero de un coche policial, masticando ira con sus muelas apretadas y observando cómo los policías se dirigían a su propia casa.

Mientras tanto, los encargados del operativo policial que acababan de detener a la banda de secuestradores pedían refuerzos para la nueva redada y solicitaban la orden judicial de registro. La jueza de instrucción María Romilda Servini de Cubría estaba al tanto de cada movimiento de la policía y la otorgó inmediatamente, junto con el juez de San Isidro, Juan Makintach. Después, un vehículo policial pasó a buscar a la magistrada para trasladarla hacia el lugar donde en pocos minutos culminarían largas semanas de investigación.

Arquímedes Rafael Puccio, el líder del clan, en 1999. Había sido sentenciado a cadena perpetua más la accesoria de reclusión por tiempo indeterminado por secuestro, asesinato y asociación ilícita.

María Servini de Cubría había pasado muchas horas escuchando las conversaciones telefónicas entre la banda y los hijos de la víctima, atando cabos sueltos que llevaran hacia los verdaderos responsables del secuestro de Nélida Bollini de Prado. La Policía Federal había trabajado en forma conjunta con la empresa telefónica estatal de la época (ENTEL) a fin de delimitar la zona desde donde se hacían las llamadas, y al parecer, tanto esfuerzo había dado frutos. Lo único que la jueza rogaba era que la mujer secuestrada estuviera viva.

Apenas subió al coche, le informaron el destino: Martín y Omar 544, San Isidro. Por un instante, la jueza se sorprendió por la dirección. ¿Cómo era posible que una persona estuviera secuestrada en una localidad residencial y no, como sucedía casi siempre, en un barrio precario? Pronto obtendría la respuesta.

El registro en la casa de los Puccio

El ulular de las sirenas rompió el silencio del centro de San Isidro, habitado por hermosos chalés y circundado por calles empedradas y arboladas que inspiran tranquilidad. Los vecinos conversaban en la sobremesa de la cena de ese viernes. Y, seguramente, se preguntaban qué habría pasado, a dónde irían esos patrulleros, a quién habrían robado esta vez.

San Isidro era una zona residencial de gente de clase media alta y los robos se multiplicaban en aquella vuelta a la democracia del gobierno de Raúl Alfonsín. Había muchas bandas organizadas delinquiendo y secuestrando. Si existía una zona donde la ostentación podía tentar a los ladrones, era la que los coches de policía recorrían a toda velocidad en ese momento. Normalmente la policía iba a las casas para evitar asaltos, no para detener a sus dueños.

Eran cerca de las diez de la noche cuando 12 coches policiales arribaron al lugar. Convergieron en una casa colonial que compartía el terreno con un negocio de indumentaria y accesorios de windsurf y esquí ubicado en la esquina. Los agentes de seguridad actuaron rápidamente para correr con la ventaja del factor sorpresa, ya que no sabían con qué situación podrían encontrarse dentro de la casa tras atravesar ese portón negro en la acera que hacía de entrada.

Mientras los policías se alistaban para ingresar, Alejandro Rafael Puccio, el mayor de los hijos varones de Arquímedes, miraba una película junto a su novia, Mónica Sörvick, con quien se cree que había compartido marihuana y whisky.

La irrupción fue tan rápida que la pareja no tuvo tiempo de reaccionar. En un primer momento, Alejandro pensó que era un robo y Mónica no paraba de preguntar a los gritos qué estaba pasando. Fueron reducidos inmediatamente por un grupo de agentes, que les preguntaban gritando por la mujer secuestrada: «¡¿Dónde la tienen?!»; a lo que Alejandro contestó «¡No sé de qué me hablan!».

Sin embargo, los policías no tardaron demasiado en encontrar la puerta que conducía al sótano. Estaba ubicada al lado del dormitorio matrimonial, bien a la vista de cualquiera que transitara por la planta baja. Después de descender 18 escalones, los agentes encontraron un ambiente amplio en el que podían verse unas 500 botellas de vino, estantes con latas de pintura, herramientas, una mesa de carpintero en forma de L, muebles y cajas apiladas de manera desordenada en el centro y junto a un catre y un armario de unos dos metros de altura.

«Acá no hay nadie. Nos engañaron», se quejó uno de los policías. Sin embargo, no se resignaron y continuaron con la inspección del lugar. El suboficial García Acosta se acercó al armario y cuando quiso manipularlo, notó que se movía por efecto de unas rueditas semiocultas en la parte inferior. Después de apartarlo, descubrió una puerta de madera detrás. Al abrirla, los policías sintieron un penetrante olor nauseabundo y distinguieron un nuevo ambiente en la penumbra.

La puerta de madera daba acceso a una estrecha habitación construida en hormigón armado con piso de tierra y empapelada con periódicos. Medía tres metros de largo por uno y medio de ancho y dos con veinte de alto. Los policías caminaban casi sin poder respirar. No solo el techo era bajo, sino que una lona haciendo de toldo dentro de la habitación reducía la altura y robaba más aire.

Lo primero que vieron fueron unos fardos de pasto húmedo y una radio. Luego, observaron una mesita de metal donde se apilaban vasos de plástico, galletas de agua, una bolsita de té, aspirinas, una botella de refresco casi vacía, un rollo de papel higiénico y un jabón usado. También, había una lata de pintura de veinte litros utilizada como retrete improvisado. Por último, divisaron un cuerpo recostado en la cama. No podían saber si estaba con vida, inerte o agonizante. Se acercaron lentamente para comprobarlo.

La persona no era otra que la mujer que buscaban desde hacía más de un mes: la empresaria Nélida Bollini de Prado, dueña de varios locales sobre la Avenida Independencia, en el centro de Buenos Aires, y de un concesionario de coches llamado Tito y Oscar. Se hallaba recostada sobre un colchón mojado, estaba encapuchada y tenía uno de sus pies encadenado a la cama.

Estaba viva pero muy débil, y también completamente desorientada, no entendía qué estaba sucediendo. Un agente trató de explicarle la situación y de tranquilizarla. Pero no pudo evitar que la mujer padeciera un ataque de angustia: «¡No me maten, por favor! ¡Mis hijos harán todo lo que piden! ¡No me maten!».

Cuando el policía logró hacerla entrar en razón y la convenció de que ellos no eran los secuestradores, Nélida Bollini de Prado comenzó a salir de la habitación que había sido su calabozo durante 32 días y empezó a subir lentamente la empinada escalera de madera rumbo a la planta baja. Temblaba y apenas podía mantenerse en pie. Estaba vestida de la misma forma que la habían visto sus seres queridos por última vez, el 23 de julio de 1985: falda, botas marrones y camisa blanca.

A las diez y doce minutos de esa noche, Nélida Bollini de Prado cruzó el umbral de la puerta que la despedía del sótano. Cada paso que daba la alejaba del infierno en el que había vivido. Tenía el pelo revuelto y lloraba. Quizá sin creer que había sido liberada, todavía continuaba aturdida: «¿Por qué me liberaron? ¿Quién les avisó? ¿No ven que ahora van a matar a mi familia?».

Cuando Alejandro Puccio la vio, gritó: «¡Soy inocente!». Algunos testigos dicen que lo hizo tres veces, casi emulando la negación bíblica de Pedro a Jesús. Un oficial trató de contenerle y le dijo: «Calmate, nene. Ahora no digas nada. Pensá que hoy se termina una pesadilla». El tiempo no daría la razón a los buenos deseos del policía. El martirio recién comenzaba para el hijo mayor de la familia Puccio.

En ese momento y en mitad del registro policial, Epifanía Ángeles Calvo, esposa de Arquímedes Puccio, y su hija Adriana, la menor de los hermanos, llegaron a la casa. «¿Qué sucede acá?», preguntaba una y otra vez. Sin explicar demasiado, la policía detuvo a la mujer y la llevó junto a Alejandro y su novia, quienes estaban recluidos en una de las habitaciones. Algo similar sucedió con Silvia, la mayor de las hijas, que había logrado atravesar la custodia del portón negro para averiguar qué estaba sucediendo.

Ya dentro del hogar de los Puccio, la jueza Servini de Cubría no dejaba de preguntarse por qué ninguno de los integrantes de la familia estaba sorprendido ante la presencia de esa mujer desconocida en estado deplorable que deambulaba por la casa. Todos la miraban, pero ninguno quería saber quién era y qué hacía allí. Nélida estaba exhausta y se sentó en uno de los sillones de mimbre del patio. La jueza pidió un médico. Temía por su salud. Pero Nélida le rogó que no lo hiciera: «Por favor, no lo llame... Estoy sucia, me da vergüenza».

El registro policial continuó hasta la medianoche. La policía secuestró dos ametralladoras, una carabina con mira telescópica, capuchas, una máquina de fotos, un libro llamado *Manual del secuestrador* y documentos de identidad apócrifos. Para ese entonces, ya sabían que se encontraban frente a una de las organizaciones de secuestradores más siniestras.

Sin embargo, cuando muchas horas después abandonaron la casa de la calle Martín y Omar 544 en San Isidro, todavía no sabían que el secuestro de Nélida Bollini de Prado no era más que uno de otros tantos que la banda había realizado. A este puzle criminal le quedaban varias piezas sueltas que el tiempo y la investigación judicial terminarían de encastrar. Pero, en lo inmediato, todos se preguntaban lo mismo: ¿quién era esa familia?

Capítulo 2

EL FIN DE LA SIMULACIÓN

> «(Los Puccio) eran una familia que se preocupaba mucho por las apariencias y que quería pertenecer a una élite social.»
>
> JUEZA SERVINI DE CUBRÍA, portal de noticias Infobae, 2017.

La fotografía es la de una típica familia argentina. Es un cuadro ordenado. Son los Puccio. Arriba, de pie, están los hijos mayores: Alejandro, Silvia y Daniel. Abajo, sentados, los hijos menores (Guillermo y Adriana, cada uno en los extremos); en el centro y juntos, la mamá, Epifanía, y el papá, Arquímedes. Ella cruza su brazo izquierdo debajo del brazo derecho de él. Todos sonríen y miran a la cámara, excepto Silvia que dirige la mirada hacia su izquierda, como si algo la hubiera distraído en el momento en que se disparó el *flash*.

Algunos indicios de la escenografía permiten vislumbrar que están en su casa de San Isidro a fines de la década del 70. Quizá habían compartido una cena con familiares y amigos. Sí puede deducirse que es una noche calurosa: Alejandro muestra sus pectorales y abdominales musculosos, mientras que Guillermo cruza sus brazos frente a su torso desnudo. El resto está con ropa liviana.

No hay nada en la fotografía que permita inferir otra cosa. Es la captura de un momento en el que se congelaron miradas, sonrisas, poses... A simple vista, semeja el retrato de una familia común. La imagen, sin embargo, no permite descifrar los secretos que escondían. Es cierto que todas las familias los poseen, pero los de los Puccio eran particularmente siniestros.

«Somos una familia normal»

El impacto de la noticia del vínculo de la familia Puccio con el secuestro de Nélida Bollini de Prado fue inmediato. La historia tenía ribetes insospechados, dignos de una película: una familia de buen pasar económico que vivía en San Isidro había realizado un secuestro extorsivo. Era difícil de creer.

Por eso, lo primero que pensaron los vecinos de los Puccio al observar el registro policial del 23 de agosto de 1985 fue que les habían robado, que habían sido víctimas de algún delito y que la policía estaba allí para protegerles. ¿Qué habrán imaginado cuando vieron a casi todos los miembros del grupo subiendo a los coches de policía? La mayoría supuso que se había cometido un error, que esa familia era como cualquier otra del barrio. Pero se equivocaban, no era una familia como cualquier otra.

Los Puccio y el resto de la vecindad no estaban unidos solo por habitar en esas mismas calles tranquilas y arboladas. La afinidad provenía de pertenecer al mismo estatus social. Al menos, en el imaginario colectivo, en San Isidro vivía gente con un buen pasar económico, donde reinaba el *rugby*, el deporte de los estudiantes de las escuelas privadas; muchas de ellas, bilingües. Y aunque San Isidro también comprende un gran barrio de chabolas llamado «La Cava», el centro y la zona cercana al río corroboran esta visión.

En ese municipio histórico y residencial con más de un siglo de historia, esa noche de agosto la armonía se quebró. La noticia llegó a la portada de los periódicos más importantes del país y la casa de los Puccio aparecía allí. *Clarín* tituló: «Toda una familia de San Isidro está involucrada en un secuestro». Aunque costara creerlo, esa ciudad selecta también podía ser refugio de delincuentes y asesinos.

Es un cuadro ordenado. Son los Puccio. Arriba, de pie, están los hijos mayores: Alejandro, Silvia y Daniel. Abajo, sentados, los hijos menores (Guillermo y Adriana, cada uno en los extremos); en el centro y juntos, la mamá, Epifanía, y el papá, Arquímedes.

Desde sus inicios, había sido lugar de las clases sociales altas. Allí tenían sus quintas y casas de fin de semana. Fue la epidemia de fiebre amarilla ocurrida en 1871, con su epicentro en el barrio de San Telmo de la ciudad de Buenos Aires, lo que obligó a esas familias adineradas a escapar hacia esos parajes. Con el transcurrir de las décadas, el lugar fue dejando de lado su aspecto campestre y se urbanizó. Un siglo después, muchos de los descendientes de esos hombres y mujeres aún vivían allí, y muchos otros, inmigrantes de otros barrios, personas de clase media, llegaron de casualidad o porque querían pertenecer a esa zona de privilegio.

Los Puccio eran un ejemplo. De origen italiano, no formaban parte del círculo exclusivo de las familias tradicionales. Así fue como, en 1979, en plena dictadura militar, Arquímedes Puccio compró una casa de estilo colonial en pleno corazón de San Isidro. Su intención era aparentar un nivel social que no poseía y codearse con aquellas personas, compartir sus códigos, temas de conversación, ser uno de ellos. Y en su deseo, arrastró a toda la familia.

Tanto le importaba seguir las tradiciones que obligaba a su esposa e hijos a asistir a misa cada domingo. Les quedaba cerca, además. Con su barranca, la plaza de la hermosa catedral neogótica, en el centro histórico de la ciudad, estaba a unas pocas manzanas. Él iba de traje, corbata y zapatos bien lustrados. Epifanía y las hijas, con sus mejores vestidos y los hijos, en silencio. Los varones no eran muy religiosos, pero aprovechaban la ocasión para galantear con las muchachas. Los rituales religiosos solían gobernar también el momento de la cena, cuando Arquímedes Puccio pedía una oración solemne antes de comenzar a comer.

De la casa a la iglesia, de la iglesia al club y del club a la casa. Ese era el trayecto común de cada uno de los Puccio los fines de semana; todo en un radio de cinco manzanas. Los recién llegados al barrio se incorporaron rápidamente a la vida de la comunidad. Y Alejandro, el hijo mayor, tuvo un rol fundamental en ello.

El hogar de los Puccio poseía 200 m² distribuidos en dos plantas y era un ejemplo de la simulación que el jefe de familia pretendía mostrar. La planta baja tenía el aspecto de una vivienda venida a menos, con muebles pasados de moda y descuidados. Allí estaban las habitaciones del matrimonio y de las dos hijas, un baño, la cocina, el comedor diario y un patio con una escalera caracol que comunicaba con la planta alta.

En contraste, el primer piso lucía un living con muebles franceses, sillones de terciopelo, aparadores y mesas de caoba, así como lámparas de techo tipo araña. Lindante con ese espacio de la casa, se hallaba el dormitorio de Alejandro y Daniel. Sus amigos de la élite de San Isidro eran recibidos en esos ambientes, dominados por una escenografía digna de una familia de alto nivel social. En la planta alta, también estaba el despacho de Arquímedes, además de un baño y un par de salas de reuniones.

La vivienda de los Puccio se completaba con un local que daba a la esquina de la calle, haciendo chaflán, donde Arquímedes había abierto un negocio de venta de comida para llevar. Lo llamó «Los Naranjos» y constituía un emprendimiento que involucraba a toda la familia. El lugar era también el punto de encuentro de los compañeros de club de Alejandro —miembro destacado del seleccionado de *rugby* en Argentina, «Los Pumas», y figura del tradicional Club Atlético de San Isidro, CASI— después de los entrenamientos, donde solían comer sándwiches (bocadillos) de milanesa o de jamón y queso. Pero el rédito del local no fue el esperado, y Arquímedes decidió cerrarlo, probablemente a fines de 1982.

Aproximadamente a mediados de 1983, Arquímedes Puccio tomó una decisión inesperada: remodelar la casa. Quería reformar ciertos ambientes y construir otros. Entonces la rutina del hogar fue alterada por la presencia de albañiles. Una de sus ideas era sumar un sótano a la vivienda. Los vecinos observaban el trajinar sin extrañeza ni sospechas; todo lo contrario, embellecer y agrandar el hogar era signo de progreso. Lo que nadie imaginaba era que Arquímedes Puccio tuviera planes un tanto más tenebrosos, porque lo que en realidad quería construir era una mazmorra, una prisión subterránea.

En San Isidro nadie se preguntaba tampoco por el dinero de los Puccio, ni cómo habían comprado esa casa ni de qué manera financiaban una remodelación de esa envergadura. Mucho menos querían saber sobre las vacaciones en centros de esquí o en las playas de la costa atlántica durante el verano. Tampoco les interesaban las salidas a restaurantes que la familia realizaba religiosamente tres veces por mes. Al fin de cuentas, era lo que hacían todos.

Las sospechas llegarían, pero tiempo después. Hasta el 23 de agosto de 1985, día del registro, la convivencia con los vecinos fue la habitual. Compartían las tardes en el club, las misas de los domingos, las reuniones de padres en la escuela, las compras diarias y los paseos. Pero, a partir de ese día, un murmullo comenzó a circular de boca en boca por San Isidro. En la intimidad de esos chalés, en las escalinatas de la catedral después de los sermones del cura o en las gradas del club CASI en el entretiempo de los partidos de *rugby*, ahora todos deseaban saber quiénes eran los Puccio.

Arquímedes Puccio, el jefe de familia

Arquímedes Rafael Puccio había nacido el 14 de septiembre de 1929, en Barracas, un barrio del sur de Buenos Aires. Era el primero de los cuatro hijos de Juan Puccio e Isabel Ordano, artista plástica. Desde pequeño, Arquímedes se destacó por su inteligencia y su carácter autoritario. Le gustaba recitar poesías y a pesar de su baja estatura, jugar al básquet. Al igual que cada uno de sus hermanos tenía un apodo: el suyo era «Chiqui».

Cursó los estudios secundarios en el Colegio Comercial Hipólito Vieytes y se recibió de contable en la Facultad de Ciencias Económicas de la Universidad de Buenos Aires. Como su padre era jefe de prensa del canciller Juan Atilio Bramuglia, en 1947 comenzó a trabajar en el Ministerio de Relaciones Exteriores. Al poco tiempo, Juan Domingo Perón, entonces presidente de la República, le condecoró por ser el diplomático más joven de la época. Tenía solo 19 años.

En 1956, tras el golpe militar de 1955 que había derrocado al gobierno, fue designado vicecónsul, y al año siguiente contrajo matrimonio con Epifanía Ángeles Calvo, con quien tendría cinco hijos. Entre 1961 y 1963, durante los gobiernos de Arturo Frondizi y de José María Guido, Arquímedes Puccio cumplió la función de correo diplomático en Madrid hasta que fue apresado en el Aeropuerto Internacional de Ezeiza con un cargamento de 250 pistolas Beretta, calibre 22, en su valija diplomática. Este fue el fin de su carrera en la cancillería. Con astucia, Arquímedes Puccio aprovechó el episodio para contar a sus allegados que era un «perseguido político». Por aquellos años, también había comenzado a militar en el Movimiento Nacionalista Tacuara, una fracción católica de ultraderecha de la cual surgirían también grupos de ultraizquierda como Montoneros, y otros reaccionarios y anticomunistas, como la «Triple A» o Alianza Anticomunista Argentina, además de varios líderes políticos.

Desde la llamada «Revolución Libertadora» de 1955 y hasta bien entrada la democracia, recuperada en 1983, el ámbito político argentino estuvo muy convulsionado, ya fuera por golpes de Estado que derrocaban gobiernos democráticos, por el incremento de la violencia política, debido al terrorismo de grupos guerrilleros y finalmente, a causa del terrorismo de Estado, entre 1976 y 1983.

El país se encontraba dividido entre peronistas y antiperonistas. El partido político que representaba las ideas del líder expulsado del poder había sido proscrito, así como el pronunciar su nombre o mostrar símbolos partidarios. Además, los simpatizantes peronistas no podían expresar sus ideas sin correr el riesgo de ser encarcelados, cuando no asesinados. Al mismo tiempo, la tensión y la violencia política dentro del propio movimiento peronista entre su ala más a la izquierda y a la derecha —ya incipiente anteriormente— fue creciendo, mientras su líder, Juan Domingo Perón tenía a su partido prohibido y vivía exiliado en Madrid.

¿Dónde estuvo todo ese tiempo Arquímedes Puccio? ¿Qué pensaba? En 2011, ya en libertad condicional, en una entrevista con el periódico *Libre*, Arquímedes dejó pocas dudas sobre sus ideas políticas: «Me siento un poco César, un poco Napoleón, un poco Espartaco, me siento un poco Mussolini, Hitler y ¡me siento Perón! Los ignorantes los cuestionan, pero Hitler y Mussolini hicieron grandes cosas por Alemania e Italia. He tenido amigos judíos y son una basura. El judío al final te caga. No hay judíos laburantes (currantes)».

No extraña entonces que, a partir de 1973, poco antes del regreso definitivo del líder, Arquímedes Puccio se hubiera relacionado con personalidades vinculadas al sector más reaccionario del peronismo. El 20 de junio de ese año ocurrió un hito histórico: Perón regresó a la Argentina después de un exilio de 18 años. Para ese entonces, Arquímedes Puccio ya trabajaba en la Secretaría de Deportes bajo la supervisión de un militar al que el líder había encargado la organización de su retorno: el coronel Jorge Osinde.

Ese día, Perón tendría una recepción multitudinaria en las cercanías del Aeropuerto Internacional de Ezeiza, pero la tensión entre la izquierda y la derecha peronistas acabó en una masacre en la que oficialmente fueron asesinadas 16 personas y en la que hubo 300 heridos, aunque se cree que esas cifras fueron mucho más elevadas. Una masacre organizada por sectores de la derecha peronista, cuya motivación concreta fue la lucha por quién estaría más cerca del palco desde el que hablaría el líder. En un sentido más amplio, la pelea de fondo era política. Se discutía cuál de los dos bandos tenía más poder.

No hay certeza de si Arquímedes Puccio disparó un arma esa jornada, pero sí la hay sobre su presencia en el lugar y la ayuda que suministró a su jefe, Osinde. La década de 1970 estuvo marcada en la Argentina por la violencia. Secuestrar a una persona de manera ilegal era una práctica habitual tanto por parte de las organizaciones guerrilleras de izquierda, como por bandas de ultraderecha como la «Triple A», y más tarde, ya en plena dictadura militar, por las mismas fuerzas de seguridad.

Arquímedes Puccio formó parte de una banda que, de alguna manera, pertenecía a este segundo grupo de secuestradores, aunque también era cierto que se trataba sencillamente de delincuentes vinculados con organismos de inteligencia del Estado.

En 1973, mientras ocupaba cargos públicos en organismos vinculados al deporte, Arquímedes Puccio participó en el secuestro extorsivo del gerente de la fábrica de café Bonafide, Enrique Segismundo Pels, ocurrido el 23 de enero de ese año. Tras cobrar el rescate, Pels fue liberado y a los dos meses, Arquímedes Puccio compró una casa en Acassuso, localidad lindante con San Isidro. Si bien fue apresado, pronto recuperó la libertad gracias a sus contactos estrechos con integrantes de la «Triple A» e importantes miembros del gobierno nacional de ese momento. La causa prescribió cinco años después.

En sus primeras declaraciones ante la policía en 1973, Arquímedes Puccio utilizó ardides retóricos que volvería a usar tras su detención el 23 de agosto de 1985, luego del registro en su casa de San Isidro y la liberación de Nélida Bollini de Prado. La finalidad del secuestro de Pels era solventar el movimiento peronista, dijo. Frente al juez, sin embargo, esgrimió que solo había participado en la búsqueda de una casa para esconder a perseguidos políticos uruguayos.

Arquímedes Rafael Puccio y Epifanía Ángeles Calvo. La joven pareja contrajo matrimonio en 1957, después de que Arquímedes fuera nombrado vicecónsul de la cancillería.

Durante los años siguientes, Arquímedes Puccio formó parte de la segunda línea de un grupo terrorista paraestatal, conocido como la «Triple A» o Alianza Anticomunista Argentina, dirigido por José López Rega, secretario personal de Perón, expolicía, convencido del esoterismo y personaje siniestro de la política argentina. La organización tenía como objetivo reprimir, amenazar y asesinar a militantes revolucionarios o de la izquierda del peronismo.

En 1976 un nuevo golpe de Estado derrocó al gobierno de María Estela Martínez de Perón, presidenta en ejercicio tras el fallecimiento de su marido, Juan Domingo Perón, ocurrido en 1974. Sin embargo, Puccio continuó vinculado a los servicios de inteligencia de la Fuerza Aérea y del Ejército. La información obtenida en esas estructuras militares era utilizada para la detención ilegal, tortura y asesinato de militantes políticos. En este contexto, el secuestro constituía el *modus operandi* de las fuerzas de seguridad, y también, en muchos casos, un método para eliminar o hacer desaparecer personas y a la vez, quedarse con su patrimonio.

Es decir, Arquímedes Puccio no era un novato, era un hombre con experiencia y vínculos que podían favorecer su futuro accionar delictivo. Aunque para los vecinos de San Isidro, Arquímedes Puccio era uno más. Solo se comentaba sobre su carácter adusto y estricto con sus hijos. O su extraña costumbre de barrer la acera a todas horas. De ahí que le apodaran «Cu-Cu», porque ante el menor ruido se asomaba a la ventanita de su oficina y miraba lo que pasaba en la calle; o «Bernardo», porque se parecía al amigo sordo de «El Zorro», el personaje de la serie televisiva.

A Arquímedes Puccio, poco y nada le importaban esos dichos. Él solo tenía una meta: pertenecer a la élite social de San Isidro. Para lograrlo, necesitaba dinero, mucho dinero. Tenía un plan para conseguirlo, y para ello necesitaba a su familia.

Alejandro, un «rugbier» exitoso

El hijo mayor de Arquímedes y Epifanía, Alejandro Rafael Puccio, había nacido en 1958, en la ciudad de Buenos Aires. En agosto de 1985, tenía 26 años y estaba de novio con Mónica Sörvik, una joven maestra jardinera de San Isidro. La pareja planeaba casarse, tener hijos, viajar y compartir el hogar que Alejandro pensaba construir en un terreno que quería comprar con sus ahorros. Ella lo llamaba cariñosamente «Alex». Pero no era el único apodo: en su familia le decían «Zorri» y sus amigos, «Huevo».

Alejandro Puccio jugaba al *rugby* en el Club Atlético San Isidro (CASI) desde 1977, cuando debutó en el primer equipo. Rápidamente, se ganó la consideración de los técnicos por la rapidez y la potencia que poseía para desbordar y desequilibrar. Era *wing* tres cuartos y se destacaba a la hora de convertir *tries*. Además, era admirado y respetado por sus compañeros de equipo y hasta por sus rivales.

A los 20 años consiguió lo máximo a lo que puede aspirar un jugador de ese deporte: formó parte del plantel de «Los Pumas» —la selección nacional de *rugby*— en un torneo sudamericano. Durante el certamen jugó muy bien y anotó dos *tries*. Además, fue protagonista de un partido histórico, cuando el 3 de abril de 1982, «Los Pumas» vencieron a «Los Springboks» —la selección sudafricana— en condición de visitante. Con el CASI también realizó giras por diferentes partes del mundo y fue campeón del torneo nacional en tres oportunidades. Era habitual verlo recibir felicitaciones después de los partidos.

La creciente notoriedad en este club de San Isidro le permitió a Alejandro y al resto de su familia relacionarse con hombres y mujeres acaudalados y de apellidos tradicionales de la zona. «Alex» aprovechó esa situación y, en el mismo lugar donde había estado el negocio de comidas de los Puccio, inauguró Hobby Wind, una tienda de accesorios para deportes náuticos y de nieve. El emprendimiento fue un éxito en ventas. Mientras Alejandro vivía un momento de fama, éxito y prestigio, Arquímedes Puccio comenzó a vislumbrar un plan macabro: aprovecharse de su magnetismo y utilizarle como señuelo para atraer a sus futuras víctimas.

Daniel, «Maguila», el nene de papá

El hijo del medio del matrimonio era Daniel, más conocido como «Maguila», quien había nacido en 1962. Como cada uno de sus hermanos tenía segundo nombre, y el suyo era Arquímedes. Esa coincidencia con su padre se correspondía con el excelente vínculo que existía entre ambos. Además, tenían similitudes físicas —los dos eran retacones—, una misma sintonía al momento de hacer bromas y una manera parecida de encarar la vida; ambos eran ambiciosos y pragmáticos. Quizá por todo eso Daniel era el preferido de Arquímedes Puccio: «el nene de papá».

Daniel también practicaba *rugby* en el CASI, pero no tenía el talento de su hermano mayor: jugaba en el tercer equipo, aunque eso no era algo que le quitara el sueño. Su expectativa de vida tenía otros horizontes. Tal vez motivado por las largas charlas que mantenía con su padre en las que le recomendaba viajar, Daniel comenzó a visualizar su existencia en distintas partes del mundo. Y así lo hizo. A principios de 1982, tuvo la oportunidad de viajar con el club a Nueva Zelanda. Allí le ofrecieron quedarse y Daniel no lo dudó. Un tiempo después eligió Australia como nuevo lugar de residencia.

A partir de ese momento, el vínculo con su familia y amigos se sostuvo básicamente por vía postal a través de misivas que, en ocasiones, llegaban a sus manos con mensajes extraños y hasta encriptados. En una carta fechada el 24 de agosto de 1982, su amigo Hernán Ponce le contaba un episodio extraño: «Tu viejo (papá) estuvo preguntando precios en una casa de antigüedades para saber cuánto le saldría un juego de esas bolas con cadenas que se usaban en la Edad Media para sujetar esclavos», según revela Rodolfo Palacios, autor del libro *El Clan Puccio*.

Su hermana mayor, Silvia, le escribía de manera asidua. En una de las primeras cartas, le contaba detalles sobre la convivencia de sus padres: «Mamá y papá ya no se hablan, pero hay que seguir juntos por la familia». A mediados de 1982, volvió a redactar un mensaje para contarle sobre los buenos tiempos que estaban por venir: «A papá le están yendo las cosas muy bien; pronto habrá nuevas perspectivas para todos, pero hay que hacerlas bien y saber esperar». Semanas después, el clan Puccio realizaría su primer secuestro.

La vida de Daniel «Maguila» Puccio en Australia era como la había soñado y no estaba en sus planes regresar a la casa de San Isidro, pero algo le hizo cambiar de idea: una carta que le envió su padre. La correspondencia llegó a su buzón en la misma época en que Arquímedes Puccio estaba planificando el secuestro de Nélida Bollini de Prado. Esto es lo que le decía su padre, según refiere Palacios en su libro:

> «Para julio, Dios nos va a ayudar con un negocio. Hay que saber esperar porque este país es inmensamente rico y, pese a todo, con posibilidades sin límites. La razón de toda la circunstancia es saber o poder ubicarse. Todo ello se consigue con inteligencia, con calma y con suerte. Solo hay que agarrar la manija. «Zorri» me está ayudando en el negocio, pero le cuesta aprender, es un poco lento. Estudiá mucho inglés, hijo. Preparate, que si Dios lo permite voy a necesitarte dentro de poco. Primero hay que luchar para alcanzar la meta. Cuando lo lográs, tenés que luchar para mantener lo conseguido o disfrutarlo. Es por eso tenés que capacitarte. (...) Obtuvimos una utilidad muy importante en verdes (dólares) que nos coloca nuevamente en una tranquilidad frente a todo el problema de la inflación que nos golpea cada vez más. Estoy preparando otro negocio que creo que saldrá perfectamente bien. Cuando uno

estudia y planifica todos los aspectos de la inversión...
Quisiera que pudieras leer entre líneas. La situación
del país está muy mal. Pero recordá que te lo digo con
experiencia, hay muchos en la guerra que, mientras
otros mueren y sufren, hacen negocios. Dame un voto de
confianza para que Dios no me permita defraudarte».

La lectura entre líneas que Arquímedes le pedía a Daniel tuvo
una segunda chance. En otra carta, fue más explícito: «No te
quiero presionar y no quiero que pienses que quiero conven-
certe con plata y autos (coches). Esto es mucho más profundo
y sentimental». Y como si hubiera posibilidad de dudas, dentro del sobre colocó un recorte de la revista 7 *Días* que contaba
el secuestro de Ricardo Manoukian, el primero que había perpe-
trado el clan Puccio en 1982.

Dos años y medio después de su partida, Daniel «Maguila»
Puccio regresó a la Argentina. En ese tiempo, la familia había
cambiado, se respiraba un ambiente tenso en el caserón de la
calle Martín y Omar. Sin embargo, su presencia alegró al resto
de los integrantes, sobre todo a su madre, quien le preparó una
cena de bienvenida. El primer gesto de su padre fue regalarle una
combi Mitsubishi de color amarillo.

Rápidamente, Daniel montó una rutina exenta de preocupa-
ciones: no trabajaba, predicaba el vegetarianismo, dormía hasta
las 10 de la mañana y asistía al club para practicar fisicocultu-
rismo. Mientras eso sucedía, su padre le preparaba para entrar
en acción. Tenía 23 años, y a las pocas semanas de haber regresado al país, su vida cambiaría para siempre.

Guillermo se fue

El otro hijo de Arquímedes Puccio, Guillermo, había nacido en 1965
y, al igual que Alejandro y Daniel, jugaba al *rugby* en el CASI y también tenía un apodo, le decían «Oruga». Fue precisamente durante

una gira que realizó con el CASI por Nueva Zelanda cuando tomó la decisión de no regresar nunca más a su casa de San Isidro. En un primer momento, el resto de la familia pensó que seguiría el camino de su hermano Daniel y que algún día volvería. Pero con el paso del tiempo, la interpretación fue otra: Guillermo se había escapado del hogar. Y así era, nunca regresó ni tuvo contacto con su familia. Vive en Australia desde hace unos 30 años.

En la época de los secuestros, su madre le extrañaba mucho y deseaba fervientemente tenerlo de vuelta en casa, pero Guillermo no hizo caso. Puertas para afuera, Arquímedes Puccio le contaba a quien le preguntara por la conducta de Guillermo que era «cosa de chicos». Pero en la intimidad, quizá existiera la sospecha de que no había soportado vivir en un ambiente delictivo. Es muy probable que Guillermo supiera qué sucedía en su hogar, y que por esa razón hubiera optado por alejarse definitivamente.

Epifanía Calvo, la mujer de Arquímedes
«Somos una familia normal», repetía una y otra vez Epifanía Calvo, la esposa de Arquímedes Puccio, ante la jueza Servini de Cubría tras la detención en su propia casa, el 23 de agosto de 1985. En ese entonces tenía 53 años y cinco hijos. Desde hacía 15, era profesora de mecanografía y contabilidad práctica en el Instituto María Auxiliadora y en la Escuela de Enseñanza Media Nº 1, dos colegios de San Isidro. Repartía sus días entre las clases de gimnasia en el club, las visitas a su madre y la asistencia a misa.

Los fines de semana también presenciaba los partidos de *rugby* en los que su hijo Alejandro solía destacarse. Poco más sabemos de ella, excepto que llevaba un diario personal en donde describía sobre su dificultad para llevar adelante dietas —«hoy aumenté 300 gramos, no tengo que comer más pan»— y su crisis matrimonial —«Arquímedes se enojó en la mesa y yo me callé»—. Entre sus obligaciones de ama de casa estaba la de preparar la cena. Su especialidad era el arroz con pollo.

Alejandro Rafael Puccio (en la foto lleva la mascota de peluche) era un *rugbier* exitoso y admirado. Jugó en el Club Atlético de San Isidro y en Los Pumas. Su padre se aprovechó del círculo social que le rodeaba para perpetrar sus secuestros extorsivos.

Silvia no vio ni escuchó nada

Después de Alejandro, los Puccio tuvieron a Silvia, que tenía 25 años cuando la policía irrumpió en la casa de San Isidro, en 1985. En ese entonces, pasaba las mañanas recluida en los talleres de cerámica y pintura ubicados al lado del sótano y en el primer piso. Además, realizaba cursos de arte en el Instituto de Cultura Hispánica y en el Museo Nacional de Bellas Artes. Unas cinco veces por semana, iba al club con su madre y su hermana para hacer gimnasia y practicar tenis. Su mejor amiga era una monja, la hermana Cecilia Demargazzo.

Adriana, la menor

Adriana, finalmente, era la benjamina de la familia. En agosto de 1985 tenía 14 años. Como casi todas las adolescentes de entonces, su vida estaba abocada al estudio.

Todas las mañanas, bien temprano, concurría al Instituto María Auxiliadora, la misma institución en la que su madre daba clases. La mayor parte del tiempo la pasaba con ella y, eventualmente, iba a estudiar a la casa de alguna amiga.

Su padre hablaba maravillas de su hija más pequeña. No había vecino que no le hubiera escuchado decir que «Adrianita» era la luz de sus ojos. «La chiquita es la que me queda a cargo, y tengo que cuidar de que nunca le falte nada», agregaba.

La creación del clan

Aunque los testimonios de la familia Puccio y de sus cómplices aportan más confusión que certezas, resulta razonable creer que aquellos secuestros en los que Arquímedes Puccio participó durante la década de 1970 fueron el germen del clan que dirigió finalmente en San Isidro.

Probablemente, Arquímedes tomó la decisión de dejar de ser un «soldado» de poca monta al que le llegaban «migajas» de los rescates para convertirse en el jefe máximo de una banda de la que orquestaría cada movimiento. Sería él quien planificaría cada paso a seguir y sería él, por supuesto, quien se quedaría con la mayor parte del botín. Para Arquímedes Puccio, aunque lo disfrazaría ante la justicia como hechos políticos, los secuestros eran sencillamente un buen negocio. Cuenta Rodolfo Palacios en su libro *El clan Puccio* que el líder de la banda solía decirles a sus cómplices una frase que evidenciaba su cinismo: «Es una industria muy rentable, con poca mano de obra y sin chimenea».

La idea de conformar una estructura para llevar adelante esta actividad ilegal le había rondado durante muchísimo tiempo. Pero no quería darse prisa. Su idea era organizar un grupo que funcionara como una sociedad secreta, donde los roles estuvieran definidos desde un primer momento y donde la traición se pagara con sangre.

Los primeros integrantes en los que pensó fueron sus hijos Alejandro y Daniel. La concepción de la familia italiana mafiosa le perseguía desde siempre. Arquímedes Puccio solía contar a menudo que su abuelo Salvatore había sido un capo mafia en Sicilia (Italia). Probablemente, de esta manera, Arquímedes alimentaba el mito de la «cosa nostra» entre sus mismos descendientes, para darle forma a este clan siniestro.

Al mismo tiempo, sabía que con sus hijos no era suficiente. Necesitaba más gente, y debían ser conocidos, tenía que saber de ellos, de sus intenciones y sus experiencias. Debían ser «cortados con la misma tijera» con la que él mismo había sido cortado. Por eso, cuando volvió a encontrarse con Guillermo Fernández Laborda en un café del centro de Buenos Aires, se dijo a sí mismo que podría contar con sus servicios. Le había conocido en las filas del peronismo de derecha durante los convulsionados años 70. En ese momento, Fernández Laborda tenía 40 años y vasta experiencia en los servicios de inteligencia de las Fuerzas Armadas. También había trabajado en la Aduana y como administrador de un hospital municipal.

Algo similar le sucedió a Arquímedes Puccio cuando reapareció Rodolfo Victoriano Franco, un coronel retirado del Ejército que ya promediaba los 70 años y era un activo militante de la ultraderecha peronista. Se habían conocido mientras participaban en las actividades anticomunistas propiciadas por la «Triple A». Franco había pertenecido a la Caballería hasta que lo pasaron a retiro tras el golpe de Estado que derrocó a Perón en 1955.

A comienzos de los años 1980, su aspecto físico no era el mejor: cojeaba de una pierna porque se había caído de un caballo y sus manos estaban deterioradas y con poca movilidad, ya que se las había quemado en una explosión de combustible. Era poco viable que pudiera entrar en acción, pero su papel en el clan era el del viejo chamán en una tribu. Eso sí, en lugar de ofrecer curaciones mágicas o consejos milenarios, Franco suministraría armas y se dedicaría a contactar a los servicios de inteligencia de aquellos años para obtener información valiosa.

El tercer integrante que incorporó Arquímedes Puccio por fuera de la familia fue Roberto Oscar Díaz, un mecánico que rondaba los 40 años y que había ascendido a jefe de mantenimiento en una importante agencia de coches de la época. Además de poner a punto los vehículos, mantenía contacto con bandas que quemaban coches para cobrar seguros. Arquímedes, una vez más, estaba involucrado en esas maniobras espurias. Se habían conocido así, y Díaz fue invitado a participar en el futuro negocio.

Tiempo después se sumó Gustavo Contepomi, a quien Arquímedes Puccio había conocido en enero de 1983. Al parecer ese acercamiento no fue casual, porque Contepomi era un hombre de clase media que estaba en pareja con una pariente de una familia muy acaudalada, a la que el jefe del clan tenía en la mira como posible objetivo. Poco a poco, Arquímedes Puccio se fue ganando la confianza de su «nuevo amigo» hasta que llegó el día en el que le propuso formar parte de la banda. Contepomi fue seducido por la posibilidad de ganar mucho dinero de manera fácil y aceptó la invitación. Su papel era el de delator: debía entregar a la víctima.

El último en formar parte del clan fue Herculiano Vilca, un albañil de origen humilde que tuvo la responsabilidad de restaurar la casa de San Isidro para acondicionarla de acuerdo con los turbios propósitos de Arquímedes. Su imagen está en varias fotografías del álbum familiar de los Puccio, tomadas por el mismo Arquímedes mientras remodelaban la casa.

La traición se paga con la muerte

Las reuniones del clan se realizaban, en general, sin la presencia de Alejandro y Daniel. El lugar: bares, pizzerías y el despacho que Arquímedes Puccio tenía en la planta alta de la casa de San Isidro. Allí solían beber whisky mientras planeaban cada secuestro. En la intimidad de ese recinto, Arquímedes Puccio mostraba su verdadera personalidad. Era obsesivo, detallista y disfrutaba tener todo bajo control.

En su escritorio había una máquina de escribir, además de cuadernos y libretas en las que anotaba cada información que ayudara a llevar adelante sus planes. También escribía frases célebres que pegaba en las paredes o colocaba debajo del vidrio del escritorio. Algunas de ellas: «El fin justifica los medios», idea extraída de *El Príncipe*, de Nicolás Maquiavelo; «Primero debes aprender las reglas del juego, y luego jugarlas mejor que nadie», de Albert Einstein; «La ley no castiga a los ladrones sino cuando roban mal», de Honoré de Balzac.

En una oportunidad, obligó a los integrantes de la banda a realizar un pacto de sangre. Con una navaja se realizó un corte en la palma de la mano e hizo lo mismo con el resto del grupo. Luego unieron las heridas, mientras el jefe recitaba en voz alta los mandamientos del clan. Según cuenta Rodolfo Palacios en su libro sobre el clan Puccio, el líder de la banda les advirtió lo siguiente a sus secuaces: «La traición se paga con la muerte. Lo que se habla acá, queda acá. Todos deberemos aportar un candidato para secuestrar. Todos deberemos hacer todo. Todos debemos dar a la organización una prueba de fuego. Y saber que si mata uno, será como si todos apretáramos el gatillo».

Arquímedes Puccio solía hacer alarde de sus contactos: en las reuniones del clan no se cansaba de repetir que tenía conexiones con los servicios de inteligencia, el Ejército, la Policía y hasta la mafia siciliana. Intentaba generar confianza aduciendo que estaban protegidos para realizar cualquier acción, incluso, el secuestro extorsivo. Insistía en que se trataba de un «negocio redondo», y algunos hechos de la época parecían darle la razón.

La práctica delictiva del secuestro extorsivo era común durante los años 80 en la Argentina, y la mayoría de las personas que lo llevaban a cabo eran exmiembros de las fuerzas de seguridad llamados «mano de obra desocupada», es decir, exrepresores de la dictadura militar. Muchos habían participado en detenciones clandestinas entre 1976 y 1983, y al volver la democracia en diciembre 1983 con el gobierno de Raúl Alfonsín, siguieron haciendo lo que sabían hacer aunque solo por dinero.

Poseían la experiencia y querían aprovecharla. Arquímedes provenía de esos ámbitos oscuros y siniestros en que se había decidido la vida o la muerte de miles de personas. Y tenía buenos contactos. Por eso, se sentía superior a sus socios, y en su interior los consideraba simples empleados, con excepción de Franco, el único al que respetaba.

Una de las estrategias que utilizaba para controlar al resto de la banda era la de generar discordia entre ellos; iba y venía con rumores, y de esa manera manipulaba las relaciones. Además, infundía miedo con amenazas veladas: en una ocasión, algunos miembros del clan se enteraron de que Puccio le había encargado a Vilca la construcción de unos ataúdes de madera, hechos a la medida de cada uno de ellos.

A mediados de 1982, la Argentina sufría la derrota frente a Reino Unido en el conflicto bélico por la soberanía en las islas Malvinas. En ese contexto y mientras el clan disfrutaba de unas pizzas en un restaurante de San Isidro, Arquímedes extrajo del bolsillo un listado con diez nombres e hizo el anuncio tan esperado: «Ya tengo al primero. Es un empresario. Alejandro lo conoce».

Al día siguiente, cada engranaje de la maquinaria de la banda comenzó a funcionar para obtener el valioso producto que los haría ricos: el secuestro. Cada uno tenía que hacer su parte. Sería su primera prueba de fuego y no podían fallar. Mientras tanto, el joven Ricardo Manoukian no sabía que su destino había sido escrito unas horas antes entre cervezas y porciones de pizza. Pronto sería la primera víctima.

Capítulo 3

LOS SECUESTROS

> «Guillermo, somos familia, si mata uno,
> matamos todos.»
>
> ARQUÍMEDES PUCCIO, al ordenar
> a Fernández Laborda la ejecución de
> Ricardo Manoukian.

Nada debía quedar librado al azar en la banda de Arquímedes Puccio, y su personalidad ayudaba a que el funcionamiento del grupo fuera ese. El jefe del clan era meticuloso, detallista y obsesivo; disfrutaba de llevar el control y pretendía que el resto se amoldase a sus principios de trabajo. Así, por ejemplo, había establecido dos máximas un tanto extrañas. Al principio no lo comprendieron, pero, con el correr de los días, sus ideas se impusieron y todos las aceptaron.

En primer lugar, los futuros secuestrados debían cumplir con un requisito esencial: ser allegados a algún miembro de la banda. Todo comenzaría con un juego de seducción y acercamiento. El señuelo sería la confianza, el buen trato, la cercanía con las víctimas. La segunda condición era que los secuestrados fueran «alojados» en su propia casa. Arquímedes Puccio había planificado los lugares para el cautiverio. ¿Y la familia? El resto de la familia no sería un problema, jamás se enterarían de lo que estaba sucediendo o, en todo caso, aceptarían y comprenderían lo que el padre quería.

El «elegido» por el clan no era cualquiera. Con la experiencia adquirida en sus años de trabajo en los servicios de inteligencia, Arquímedes Puccio investigaba previamente la situación patrimonial de la víctima y sabía si había realizado algún movimiento importante de dinero. Además, planeaba un seguimiento exhaustivo para conocer hasta el mínimo detalle de los movimientos del futuro rehén.

No era un improvisado en este tipo de menesteres; ya había tenido la oportunidad de practicar durante los llamados «años de plomo» de la dictadura militar. Todo estaba planificado. Incluso, ideó un sistema de postas a lo largo y a lo ancho de la ciudad, con tiempos y distancias calculadas, para dejar mensajes a los familiares de la víctima y al mismo tiempo, despistar a las fuerzas de seguridad, en caso de que estuvieran investigando el secuestro.

Solamente restaba entrar en acción, y eso hizo el clan a mediados de 1982 por primera vez.

Ricardo Manoukian

Alejandro Puccio y Ricardo Manoukian vivían en el mismo barrio, compartían la pasión por el *rugby* y su afición por la navegación. Tenían un objetivo común: ser exitosos. No eran amigos, pero sus novias, Mónica Sörvick e Isabel Menditeguy —luego, esposa del expresidente Mauricio Macri entre 1994 y 2005— sí lo eran. Y eso los acercó aún más, sobre todo, durante los primeros meses de 1982. Las dos parejas salían a comer, a bailar y a navegar juntos. En algunas ocasiones también se reunieron en la casa de Ricardo. Se llevaban bien y la relación crecía día a día, pero el joven Manoukian desconocía qué había detrás de ese vínculo amistoso.

Ricardo Manoukian tenía 24 años y era hijo del dueño de los supermercados Tanti, una cadena de alimentación de la zona norte de Buenos Aires. Trabajaba junto a su padre desde hacía un tiempo, y en pocos años heredaría seguramente el mando de la empresa familiar. Estaba por casarse con Isabel, soñaba con formar una familia y tener hijos. Pero el 22 de julio de 1982 esos proyectos fueron destruidos por Arquímedes Puccio.

Ese día, a las doce del mediodía, Ricardo salió conduciendo su BMW desde sus oficinas en San Isidro. Iba a la casa de sus padres, habían quedado en almorzar juntos. Durante el trayecto, alguien le hizo señas para que frenara. Era Alejandro Puccio. Su padre, Arquímedes, conocía un detalle importante para llevar adelante su plan, sabía que su futura víctima solo frenaría frente a una cara familiar. La razón tenía una historia: uno de los tíos de Ricardo había sido secuestrado y asesinado en 1974. Desde ese momento, la familia Manoukian había tomado un curso en Estados Unidos, donde aprendieron a prevenir un posible secuestro en caso de ser interceptados. Una de las instrucciones era conducir con las puertas trabadas y no detenerse en ninguna circunstancia.

Ninguna circunstancia, excepto encontrarse con un amigo como Alejandro. Nadie hubiera sospechado. «¿Podés llevarme cerca de aquí?», le pidió Alejandro. Ricardo aceptó encantado, pero el viaje fue interrumpido a los pocos minutos: un Ford Falcon les cortó el paso y de él descendieron Arquímedes Puccio y Fernández Laborda. No se trataba de cualquier vehículo, era el preferido por las fuerzas de seguridad para realizar secuestros durante la dictadura. Dentro del coche quedó Franco y antes de que Manoukian pudiera darse cuenta de lo que estaba sucediendo, ya estaba encapuchado, maniatado y tapado con una frazada dentro del maletero. Media hora después, el Ford Falcon ingresaba por el portón negro de Martín y Omar 544, la casa de Arquímedes Puccio y su familia.

Después de subir por la escalera de caracol que conectaba el patio con la planta alta, Ricardo fue introducido en la tina del baño contiguo al despacho de Arquímedes Puccio. El ambiente había sido acondicionado para la ocasión: las paredes estaban forradas con papel de diario y el techo cubierto con bolsas de arpillera.

El recién llegado temblaba del miedo. Fernández Laborda trató de tranquilizarle mientras le acercaba un bocadillo.

Unas horas después, Arquímedes Puccio realizó el primer llamado a la familia Manoukian desde un teléfono público. «Tenemos a su hijo, está en perfectas condiciones. No llamen a la policía. Les daremos una prueba de vida dentro de un paquete de cigarrillos, en un bar, en el centro de San Isidro. Esperen una próxima llamada», informó con voz calma y firme. Los Manoukian no lo sabían, pero se encontraban a solo 20 manzanas del lugar donde su hijo estaba secuestrado.

A los pocos días, Arquímedes Puccio obligó a que Ricardo escribiera una carta como prueba de vida. En ella aseguraba a sus padres que era bien tratado, que comía todos los días y les pedía que no realizaran la denuncia a la policía. «Sigan las instrucciones», les rogó en una de las líneas finales. Las horas pasaban y Ricardo continuaba recluido en la tina, mientras Alejandro y Fernández Laborda le atendían diariamente. Cada vez que ingresaban al baño lo hacían encapuchados.

En el siguiente llamado, Arquímedes Puccio exigió a la familia 500.000 dólares, una cifra muy elevada como rescate para la época. «Vayan rompiendo el chanchito», les dijo con un tono socarrón y perverso refiriéndose a que gastarían todos sus ahorros. Cuando los Manoukian confirmaron que tenían el dinero para liberar a Ricardo, el jefe del clan puso en funcionamiento su sistema de postas y les avisó que encontrarían las instrucciones que debían seguir dentro de latas de refresco que ubicaría en diferentes puntos de la ciudad de Buenos Aires.

El tío de Ricardo Manoukian fue el encargado de seguir esas indicaciones. Eran textos escritos a máquina, firmados por un inexistente «Comando de Liberación Nacional». Arquímedes Puccio buscaba despistar a la familia y asociar el secuestro a motivaciones políticas. La última posta fue colocada a metros de la catedral de San Isidro, a solo tres manzanas de la casa de los Puccio. Fue allí donde el tío de Manoukian dejó un maletín de cuero negro con el medio millón de dólares estadounidenses.

Al día siguiente, Arquímedes volvió a comunicarse telefónicamente con los Manoukian. «Les pedimos disculpas por haberlos hecho pasar por este momento. Lo vamos a entregar mañana a la mañana, a las seis en punto», dijo el secuestrador. «Hágame el favor, y perdone si me traicionaron los nervios», rogó el tío. «Yo mañana lo llamo por teléfono. Se lo vamos a dejar a quince manzanas de la casa», respondió Arquímedes Puccio.

Para ese entonces, Ricardo Manoukian llevaba once días atado de pies y manos, siempre dentro de la tina, y cuando todo indicaba que pronto sería liberado, la banda modificó los pasos porque Arquímedes Puccio había dado un giro de 180 grados al plan: había decidido asesinarle. Reunió a parte del clan en su despacho y le comunicó la decisión.

Franco estaba de acuerdo; Díaz y Fernández Laborda preferían liberarle. A pocos metros de allí y metido en la bañera, quizá Ricardo Manoukian haya escuchado la conversación en la que se estaba decidiendo su vida. Los argumentos iban y venían hasta que Arquímedes Puccio dio la sentencia final: «No lo podemos largar (...). Este es un pacto de sangre y acá estamos metidos todos». Era claro que si le soltaban, su hijo mayor quedaría involucrado como entregador.

Esa misma noche Ricardo Manoukian comió bien, le ofrecieron un suculento sándwich, le sedaron con somníferos y fue introducido en el maletero del coche de Arquímedes Puccio. Tal vez, pensó por un instante que todavía le liberarían. No tenía idea de lo que el clan tenía pensado para él.

Arquímedes Puccio era quien conducía el Falcon, Franco era su acompañante y en el asiento trasero iban Díaz y Fernández Laborda. Tomaron una autopista rumbo al norte, hacia Escobar, una ciudad a orillas del río Paraná, a unos 38 km de San Isidro. El silencio en el vehículo era absoluto. Trataban de calmar los nervios con whisky. A mitad del recorrido, Arquímedes Puccio giró a la derecha y tomó un camino de tierra hacia el río. Después de cruzar dos puentes, detuvo el vehículo y apagó el motor.

Arquímedes Puccio le pidió el revólver calibre 38 a Franco y le ordenó a Fernández Laborda que le acompañara. Después de abrir el maletero, entregó el arma a su socio y le dijo: «Matalo». El elegido para cometer el crimen se rehusó: «¿Por qué tengo que ser el primero?». Su jefe volvió a explicar una de las máximas del clan: «Guillermo, somos familia, si mata uno, matamos todos».

Arquímedes Puccio, Díaz y Franco se alejaron del coche. Fernández Laborda quedó solo con Ricardo Manoukian en el maletero. «No puedo, no puedo, no puedo», repetía en un susurro, casi como un mantra, mientras apuntaba al cuerpo tendido de Manoukian. Finalmente, disparó tres veces. Arquímedes Puccio se acercó y le palmeó la espalda en señal de congratulación. A continuación, sacaron el cadáver del maletero del coche y lo arrojaron a un arroyo. También descartaron una máquina de escribir.

En las primeras horas del 2 de agosto, la familia Manoukian esperaba ansiosa la aparición de Ricardo, pero eso nunca sucedió. Desesperados, llamaron a la policía por la tarde para informar sobre la situación que habían vivido en los últimos días. No demoraron demasiado en recibir novedades. Al día siguiente, les dieron la peor de las noticias: un vagabundo había encontrado el cuerpo sin vida, atado de pies y manos, en un descampado cerca de un arroyo de Escobar.

A tan solo 20 manzanas de distancia entre sí, las realidades de las familias Manoukian y Puccio eran absolutamente antagónicas. La desazón infinita de los padres, hermanos, tíos y amigos de Ricardo Manoukian hacía de contracara a la excitación perversa de Arquímedes Puccio mientras contaba los dólares del botín que luego repartió entre los integrantes del clan. Lo suyo ya tenía destino: un viaje a Europa para su mujer y sus hijas. Necesitaba nuevos espacios para sus futuras víctimas y sabía que en breve debería estar pensando en un próximo secuestro. La vida de una familia en ese barrio residencial tenía altos costos, y los Puccio debían mantener el estatus. En la lista de los 10 «candidatos» que había anotado, ya podía tachar un nombre, pero aún tenía nueve más.

Eduardo Aulet

El futuro de Eduardo Aulet era más que prometedor. Pertenecía a una familia de buena posición económica y su padre le había dado la oportunidad de presidir una empresa metalúrgica que tenía en Wilde, un barrio hacia el sur de la ciudad de Buenos Aires. De esta manera, Eduardo, que en mayo de 1983 tenía 25 años, podía comenzar con el pie derecho su flamante carrera de ingeniero industrial.

Además, ocho meses antes, se había casado con la abogada Rogelia Pozzi, de 24 años, «Roly» para la familia. Se conocían desde que eran muy jóvenes. Vivían en un apartamento de Recoleta sobre la calle Austria, uno de los barrios más caros de Buenos Aires. Tenían una perra, a la que llamaban «Sonia», habían viajado a Puerto Vallarta, en México, y estaban ilusionados con recorrer el mundo.

Al joven Eduardo Aulet, le gustaban los deportes y era fanático de Boca Juniors, uno de los clubes de fútbol más populares en Argentina junto con River Plate. Incluso, se destacaba en ese deporte, al punto de que le habían propuesto probarse en algunos equipos, pero él decidió estudiar Ingeniería. En cambio, jugaba al *rugby* en el club Lasalle. Era un jugador hábil y en algunas oportunidades había enfrentado al CASI, que integraba Alejandro Puccio. Por eso, cada uno sabía muy bien quién era el otro. Sin embargo, en esta ocasión, no sería el hijo mayor de Arquímedes quien diera el beso de Judas a la futura víctima.

En enero de ese año, Arquímedes Puccio había conocido a Gustavo Contepomi, un hombre con escasos recursos

económicos, huésped en una pensión de poca monta y con traba-
jos inestables que accedió a las altas esferas de la sociedad gracias a su vínculo amoroso con María Esther Aubone. María Esther
era suegra de Florencio Aulet, padre de Eduardo. La propuesta
era muy clara y finalmente llegó a los oídos del nuevo integrante:
su acercamiento a esa familia adinerada convertía a Contepomi
en la llave maestra para concretar un nuevo secuestro. Solo había
que «comprarlo» y Contepomi entregaría a Eduardo, tal como
Alejandro Puccio había hecho con Ricardo Manoukian.

Pese a tener algunas dudas, Contepomi aceptó el ofrecimiento.
A partir de entonces, participó de reuniones en la casa del coronel
Franco y en el caserón de los Puccio. En alguno de esos encuen-
tros también estuvo presente Alejandro, su hijo mayor, a quien
su padre le pedía referencias sobre la próxima víctima. El plan
estaba diseñado y únicamente faltaba ponerlo en práctica.

El 5 de mayo de 1983, después del desayuno, Eduardo Aulet y
Rogelia Pozzi se despidieron con un beso a las siete y cincuenta
de la mañana en su apartamento del barrio de Recoleta. Sería la
última vez que se verían.

Después de despedirse de su esposa, Eduardo condujo su Ford
Taunus unas pocas manzanas hasta que vio a Contepomi en la
esquina de Avenida del Libertador y Austria, pleno centro del
coqueto barrio de Recoleta.

La pantomima del primer secuestro se repetía: un supuesto
encuentro casual obligaba al conductor a detener su vehículo
para acercar a un conocido a unas pocas manzanas más allá.
Es lo que hizo Eduardo Aulet. Pero su conocido, Contepomi, no
estaba solo. Le acompañaba Fernández Laborda, quien después
de ingresar al coche le puso un revólver en la cabeza y le obligó
a pasar al asiento trasero.

Desde ese momento y hasta que arribaron a la casa de Martín y
Omar en San Isidro, a unos 26 kilómetros de distancia, Fernández
Laborda conducía mientras Contepomi apuntaba con un arma a

la víctima, a la vez que le aseguraba entre balbuceos nerviosos que lo habían obligado a hacer lo que estaba haciendo. Eduardo Aulet fue llevado a la casa de los Puccio echado en el piso, encapuchado y tapado con una frazada.

Por eso jamás pudo haber visto a la persona que abrió el portón: su amigo Alejandro. A continuación, le trasladaron al despacho de Arquímedes Puccio para encerrarle en una especie de armario de madera de dos por dos metros. Según confesaría años después Roberto Oscar Díaz, miembro del clan: «Era una jaula de madera, donde Eduardo solo podía estar parado o sentado».

Para las once de la mañana del 5 de mayo, los Aulet ya estaban preocupados porque Eduardo no había llegado a la empresa ubicada en Wilde, a unos 20 kilómetros hacia el sur de la capital. Inquieto, Florencio Aulet llamó a su nuera, quien ya estaba en su oficina de trabajo, para preguntar por él. La muchacha no sabía nada. Cerca del mediodía, volvió a llamarla y le pidió que fuera hasta su casa, ubicada en la avenida Callao y la calle Juncal. Allí Florencio Aulet le mostró la primera nota enviada por los secuestradores: «Su hijo ha sido secuestrado por el "Comando de Liberación Nacional". Exigimos 350.000 dólares para que vuelvan a verlo con vida. Ni se les ocurra llamar a la policía». También informaban que el coche de Eduardo había sido abandonado en el barrio porteño de Núñez.

A partir de ese momento, los Aulet comenzaron a vivir el mismo infierno que los Manoukian. Llamadas de una voz metálica que les dirigían hacia las postas, lugares donde encontraban trozos de papel con instrucciones, generalmente, escondidos en latas de refresco. El padre de la víctima estaba muy asustado y pidió una prueba de vida.

Entonces Arquímedes Puccio le dictó un par de cartas a Eduardo, quien las escribió de puño y letra. Una era para sus padres. En ella les pedía tranquilidad y que cumplieran las órdenes de sus secuestradores. La otra era para Rogelia, su esposa:

«Querida Roly, ante todo te quiero muchísimo y no sabés todo lo que te necesito. Por favor no hables nada de esto con nadie, ajústense al reglamento de seguridad. Tranquilizá a papá y confíen. Yo aquí, pese a que me tratan bien, no aguanto más. Las horas son días, por favor terminen rápido con esto. La plata viene y va y la vida no. Quiero estar junto con ustedes lo antes posible. Solucionen lo antes posible, por favor».

Arquímedes Puccio comenzó a llamar a la familia Aulet y a Rogelia Pozzi en cualquier momento del día, incluso de madrugada, y con cualquier excusa. Las llamadas eran innecesarias, era obvio que disfrutaba de esa situación de incertidumbre a la que sometía a los padres y a la esposa de Eduardo. En algunas oportunidades, hizo comentarios a «Roly» sobre la ropa que vestía durante el día para amedrentarla. «Tenés puesta una remera rosa y un pantalón negro», le dijo en una ocasión, para demostrarle que la estaban vigilando.

La perversidad llegaba a límites insospechados: le fascinaba manipular el dolor y la angustia de esa joven desolada por el secuestro del hombre con el que acababa de casarse hacía unos meses. Según Rogelia Pozzi revelaría más tarde a las autoridades, las conversaciones duraban unos 40 minutos, lo cual pone en evidencia que Arquímedes estaba seguro de que nadie había interceptado sus llamadas. Ella, por su parte, mostró un gran temple: solía concluir las charlas con insultos y amenazas. En una oportunidad, entre lágrimas de ira, llegó a decirle: «¡Si no me lo devuelven vivo, ustedes se mueren en la cárcel!». La respuesta de Arquímedes Puccio era sabida: una leve carcajada que se perdía desde el otro lado de la línea.

Al tercer día del secuestro, Arquímedes Puccio bajó el monto del rescate a 200.000 dólares y al cuarto, simplemente dejó de llamar. Los Aulet y Rogelia entraron en un estado de desesperación absoluto. Esas comunicaciones eran lo único que los conectaban con Eduardo. Sin embargo, cuando ya pensaban en el peor de los desenlaces, el teléfono volvió a sonar después de casi una semana. Una voz pausada y macabra comunicó las novedades: «Perdón, tuvimos algunos contratiempos. Estamos dispuestos a reducir las pretensiones económicas. Exigimos 100.000 dólares».

El llamado y la posibilidad real de pagar esa suma fueron como una inyección de adrenalina en los cuerpos desesperanzados de Rogelia y de los padres y amigos de Eduardo. Todos estaban felices y confiados en que en pocas horas volverían a verle. Sin embargo, surgió un inconveniente porque Florencio Aulet, el padre de la víctima, tenía problemas cardíacos y estaba aterrado por la situación. No se sentía capaz de afrontar el periplo de postas propuesto por los secuestradores, así que Rogelia tomó las riendas y se puso al frente de la entrega del rescate. Su padre decidió acompañarla.

A partir de ese momento, la esposa de Eduardo Aulet quedó a merced de las instrucciones que recibiría del clan. La primera fue que condujera su coche, un Renault 12, a una velocidad moderada. La siguiente, que se dirigiera a la esquina de la avenida Callao y la calle Juncal, en la ciudad de Buenos Aires, donde vivía Florencio Aulet.

En esa esquina, el clan había dejado una lata de refresco tirada en la acera, con una nota escrita a máquina en su interior. El texto empezaba así: «Ha llegado el día elegido». Y luego daba las indicaciones para localizar la segunda posta, ubicada a unos 800 m. Esta pista los condujo a la tercera posta, en la Facultad de Ingeniería de la Universidad de Buenos Aires, también cerca —al parecer, un guiño macabro a la profesión del rehén—. De allí Rogelia y su padre fueron dirigidos al frigorífico La Negra de la localidad de Avellaneda, un suburbio al sur de la ciudad de Buenos Aires, cruzando el popular barrio de La Boca y el Riachuelo.

Durante el trayecto, Rogelia y su padre advirtieron que un Ford Falcon anaranjado les seguía de cerca. Anotaron el número de matrícula y continuaron hacia la última posta, en la localidad de Lanús, también al sur de la capital argentina. La ciudad era el casillero final de ese juego siniestro propuesto por el clan que regenteaba Arquímedes Puccio.

La indicación decía que tenía que cruzar las vías del tren con el Renault 12. En ese lugar encontraron el último mensaje: «Ha llegado al lugar indicado, dejen las puertas del coche abiertas. Busquen un árbol con una flecha verde. Dejen el dinero allí. Mientras lo hacen nosotros entregamos a Eduardo en el coche».

Rogelia Pozzi corrió con la bolsa repleta de dinero que sostenían sus brazos en busca del árbol. Después de dejar el rescate, se alejó unos cuantos metros y observó cómo alguien en el medio de la oscuridad de la noche tomaba el botín y se retiraba raudamente del lugar —esa persona, se sabría mucho después, habría sido Alejandro Puccio—. Padre e hija aceleraron el paso para regresar cuanto antes al coche, pero Eduardo no estaba.

Rogelia comenzó a ponerse nerviosa: iba y venía tratando de divisar a su marido en alguna esquina. Su papá trató de tranquilizarla: «Vení, vamos a darles un poco más de tiempo. Quizá nos apuramos en llegar». La larga espera fue en vano y su marido nunca regresaría. Arquímedes Puccio ya tenía otros planes para él.

Cuando Rogelia y su padre llegaron al apartamento de los Aulet en Recoleta, la desazón los venció, pero a las pocas horas volvieron a recuperar la esperanza: un llamado de los secuestradores les avisaba que habían tenido un inconveniente y que Eduardo sería liberado en las próximas horas.

Sin embargo, la realidad fue otra. Todo era una farsa. Es muy probable que Arquímedes haya tomado la decisión de matarle poco después de dictarle las cartas que funcionaron como pruebas de vida. El joven era claustrofóbico y había estado maniatado y amordazado todo el tiempo. Rogelia Pozzi contaría en 2015, a Radio Universidad de Rosario, que creía que le habían matado al tercer día del secuestro porque «se volvió loco, no soportó el encierro».

El 8 o 9 de mayo de 1983, la banda sacó a Eduardo Aulet de la casa de los Puccio en San Isidro con las manos atadas y encapuchado, y le metió dentro del maletero del Dodge 1500 del coronel Franco. En el coche estaban Arquímedes Puccio, Roberto Oscar Díaz y Guillermo Fernández Laborda. Al igual que habían hecho con Manoukian, tomaron por caminos pocos transitados, y fueron hacia el noroeste, hacia General Rodríguez, un paraje de campos y quintas ubicado a unos 55 km de la calle Martín y Omar. El lugar elegido para ejecutarle fue también cerca de un arroyo, pero hubo una diferencia notable con el asesinato de Ricardo Manoukian. En el sitio, un albañil boliviano, Herculiano Vilca, ya había cavado el pozo que haría de tumba.

Descendieron del coche, abrieron el maletero y Fernández Laborda le dio un revólver a Díaz. La escena del crimen inaugural volvió a repetirse. Díaz se negó a apretar el gatillo y Fernández Laborda adujo que él ya había hecho su parte. Ante esa respuesta, Arquímedes Puccio gritó enfurecido: «Recuerden que hicimos un pacto de sangre, todos estamos metidos en la misma». Díaz miraba el arma entre sus manos y, aunque todavía dudaba, entendió que no tenía opción.

Resignado a su tarea de verdugo, cerró los ojos y disparó tres veces a la cabeza de Eduardo. «(Arquímedes) Puccio me obligó a disparar. Pobrecito Aulet. Cuánta crueldad. No pude negarme; si lo hacía me hubieran matado a mí», aseguraría Díaz en una entrevista al sitio de noticias *Big Bang News*, en 2015. También revelaría que pensó en matar a Arquímedes Puccio en ese instante, pero no lo hizo. Tras la ejecución, sacaron el cadáver del maletero entre todos, le arrojaron al pozo y le taparon con tierra. Sin testigos, el clan tenía otro cadáver en su haber.

Las horas pasaban y Eduardo Aulet no aparecía. Los padres y Rogelia avisaron a la policía, pero ya era demasiado tarde. La investigación no avanzó y tanto los Aulet como la esposa del joven comenzaron a vivir el calvario de esa espera eterna que significaba tener la certeza de su muerte, pero al mismo tiempo, no tener el cadáver que la demostrara. Así que sostenían la ilusión de que aparecería con vida. La respuesta liberadora llegaría recién cuatro años más tarde, en 1987.

Posteriormente al secuestro de Aulet, Arquímedes citó a sus socios en su oficina del caserón de San Isidro para tomar whisky y darles su parte del botín: 10.000 dólares para cada uno. Todos se quejaron porque era menos de lo previsto. «Entregaron menos, pero ya no podemos hacer nada», esgrimió el jefe, y agregó: «Pero no se preocupen, se viene algo gordo, tengan paciencia». Díaz asegura que Arquímedes «traicionaba en todo momento» y que «en los cobros de los rescates, nos jodía (fastidiaba), se quedaba con el botín y después repartía menos».

Emilio Naum

Unos seis meses después del secuestro de Aulet, Arquímedes puso bajo la lupa a un viejo conocido suyo: Emilio Naum, 38 años, empresario y dueño de una famosa tienda de ropa. Se habían encontrado en 1974, cuando participó en la venta de un local comercial en pleno centro porteño. Naum había adquirido ese lugar para abrir el negocio de vestimenta y zapatos para hombres que tenía en mente. Desde aquel momento, Arquímedes Puccio le incluyó entre sus objetivos, pero tuvo que esperar. Recién diez años después, comenzó a tener la seguridad de que había llegado el momento de secuestrarlo, y así lo comunicó a sus socios.

Para sus seres queridos y amistades, Emilio Naum era simplemente «Milo». Y así también lo llamaba Arquímedes Puccio. A los 38 años, Naum era uno de los empresarios de la moda más famosos del país. Conocía cada detalle del negocio en el cual se desempeñaba desde los 17. A los 19 años fundó la sastrería Mc Taylor y en la década de 1970 había abierto dos locales de Mc Shoes, además de otras dos sucursales de la sastrería. Todos ubicados en calles elegantes de la ciudad de Buenos Aires.

El jefe del clan sabía todo eso, pero fue un dato específico el que le terminó de convencer para anotar a Emilio Naum en su lista de posibles víctimas. En 1983, Naum acababa de dar un salto importante a nivel comercial: había fundado una agencia bursátil con el fin de incorporarse a la actividad financiera y bancaria. Arquímedes Puccio obtuvo información sobre la cantidad de dinero que se movía durante esas transacciones y descubrió que el empresario manejaba un efectivo de 350.000 dólares.

Desde entonces, Arquímedes Puccio comenzó a visitar los negocios de «Milo». Iba vestido con trajes impecables para no desentonar con la clientela y se dedicaba a probarse chaquetas, zapatos y perfumes. Naum le recibía con amabilidad, aunque en la intimidad comentara a sus allegados que «ese hombre» le provocaba desconfianza. Y no estaba equivocado. El clan había comenzado a seguir cada uno de sus pasos. En esta oportunidad, Alejandro Puccio participó más activamente en las reuniones en que se planificó el secuestro, y también, en el seguimiento de la víctima.

Cada tanto, Arquímedes Puccio le insistía con realizar algún negocio juntos, pero el joven empresario, siempre con respeto, desistía de esa posibilidad. Dos días antes de ejecutar el plan fue al local con la excusa de proponerle un trato: «Quiero abrir Mc Taylor en San Isidro y que Alex sea el modelo para tu marca». Naum volvió a decirle que no estaba interesado. Pero a nadie del clan le importaba, porque todo formaba parte de la actuación para hacerle caer en la trampa.

El 22 de junio de 1984, Emilio Naum desayunó con Alicia Betti, su esposa, en su casa de Palermo Chico, un coqueto barrio de estilo afrancesado de la ciudad de Buenos Aires. Sus dos hijas de cuatro y cinco años dormían en la habitación, mientras ellos conversaban sobre el viaje que realizarían al día siguiente hacia el centro de esquí de Las Leñas, en la provincia de Mendoza. En ese mismo instante, cerca de allí, cuatro hombres de saco y corbata tomaban un café con leche y comían medialunas en un bar del Automóvil Club Argentino, sobre la Avenida Libertador, frente a los hermosos parques de Palermo diseñados por Carlos Thays. Los comensales eran los integrantes del clan: Arquímedes Puccio, el coronel Franco, Díaz y Fernández Laborda. Estaban repasando el plan que debían ejecutar en pocos minutos en Palermo Chico, a poco más de 400 m de donde estaban sentados.

Después de despedir a su mujer, alrededor de las diez de la mañana, Emilio «Milo» Naum conducía su BMW por la Avenida del Libertador rumbo a su trabajo. Tras recorrer un kilómetro, observó cómo un hombre le hacía señas con sus manos desde una esquina. Era Arquímedes Puccio. Naum detuvo el coche y escuchó el pedido: «¿Nos podrías llevar hasta la embajada de Inglaterra?». Naum accedió. Puccio estaba acompañado por Fernández Laborda, a quien presentó como su «contable», y después de los breves saludos de rigor, Emilio Naum comenzó a oír palabras que parecían salidas de una película de espionaje: «Mirá, Emilio, con el dinero que tenés en esta valija no me alcanza para nada, así que tendremos que secuestrarte».

Inmediatamente, Fernández Laborda, que estaba sentado detrás, le encadenó el cuello y Arquímedes intentó atarle las manos con una soga. Sin embargo, Naum se resistió con tanta energía que el dúo de secuestradores no pudo inmovilizarle. Franco y Díaz, que se encontraban a pocos metros en otro coche, advirtieron que la situación estaba fuera de control y decidieron acercarse a colaborar. Para sorpresa de todos, Naum se defendía como un toro embravecido al que no podían frenar. Entonces el coronel le facilitó un revólver Colt 11.25 a Fernández Laborda por la ventanilla. Emilio continuó el forcejeo al punto de lograr sacar las piernas fuera del coche. Según el relato de una empleada doméstica de la zona que fue testigo involuntaria de la situación, con su último aliento, Emilio Naum gritó: «¡Socorro! ¡Me matan!». Segundos después, escuchó el estampido de un balazo.

Por un instante todos dudaron sobre quién había sido el destinatario de esa bala. Fue por un segundo o por el tiempo suficiente como para que los integrantes del clan advirtieran que su frustrada víctima de secuestro yacía inmóvil en el asiento del conductor con un tiro en el pecho. Allí quedaría el cuerpo de Emilio Naum hasta que fuera descubierto por la policía unas horas después.

A pesar del imprevisto desenlace, Arquímedes Puccio estaba tranquilo, y después de ponerse unos guantes, comenzó a borrar huellas digitales del coche. Sus socios le insistían con gritos ante la posible llegada de la policía, pero él no se desesperó en ningún momento. Solo estaba preocupado por no dejar rastros.

Ya en el viaje de regreso, Arquímedes Puccio cambió de actitud, estaba furioso. Increpó duramente a Fernández Laborda, quien atinó a defenderse sin demasiados argumentos. El jefe del clan estaba frustrado. Por un lado, el calabozo que había mandado a construir en el sótano de su casa y que tanto dinero le había costado no podría ser utilizado en los próximos días como lo había imaginado, y por otro, sentía que 350.000 dólares se le habían escurrido de las manos. Pero todavía le quedaba realizar una última jugada.

Un mes después del asesinato de Emilio Naum, Alicia, la esposa de la víctima, recibió una nueva llamada telefónica: «Hola, su marido me debía 290.000 dólares, pero ahora quiero 350.000. No hable de esto con la policía. Si lo hace, su vida y la de sus hijas correrán peligro. Pronto la volveré a llamar para darle instrucciones». Era Arquímedes Puccio tratando de presionar a la mujer para extraerle el dinero que pudiera sacar, pero ella no lo sabía. Hasta ese momento la investigación policial sobre el crimen estaba en la nada. Ningún testigo, ningún sospechoso, ninguna pista.

Alicia entró en estado de pánico después del llamado. Entonces buscó el consejo de un juez amigo, quien, a su vez, la puso en contacto con hombres del Departamento de Defraudaciones y Estafas de la Policía Federal. Cuando la consultaron sobre la voz que había escuchado, ella no dudó en describirla como serena, cultivada, y con un tono y vocabulario de alguien de clase alta. A Arquímedes Puccio le hubiera encantado escuchar eso.

Los llamados continuaron, pero a partir del contacto de Alicia con la policía, comenzaron a ser grabados. Para ello, la viuda de Emilio Naum tenía la orden de seguir el juego que le proponía Arquímedes Puccio. Por recomendación de los investigadores, aceptó pagarle a su extorsionador. «Usted va a ser la carnada para que podamos atraparlo», le dijeron. A las once de la noche, volvió a sonar el teléfono y escuchó el mensaje final: «Mañana a las dos de la tarde, en uno de los baños del Automóvil Club Argentino, va a encontrar las instrucciones correspondientes. Sígalas».

Al día siguiente, Alicia estaba aterrorizada, pero una fuerza interior la llevaba a seguir adelante. Todo lo hacía por su amado Emilio. Los investigadores le colocaron un micrófono oculto entre la ropa, en tanto dos policías encubiertos debían seguirla y protegerla. Así fue como se dirigió hasta el lugar indicado por Arquímedes Puccio, pero después de hurgar en los baños de la institución, no encontró el mensaje típico del clan. El coronel Franco tenía contactos en las fuerzas de seguridad y alguien le había advertido sobre la redada que le estaban preparando a la banda.

No insistieron más y, de esa manera, terminó otro capítulo nefasto. Pero, esta vez, las cosas no habían salido como ellos esperaban. Arquímedes Puccio estaba enojado y abrumado, no podía entender cómo su plan magistral había acabado de ese modo: ¡con un cadáver y sin el dinero! A partir de ese momento, trató de despabilar los fantasmas de este fracaso y comenzó a pensar en otro objetivo. Desde hacía poco tiempo, en su casa había un sótano nuevo, una verdadera mazmorra profesional que estaba esperando la llegada de su primer «huésped».

Nélida Bollini de Prado

«Me costó 100.000 dólares». Arquímedes Puccio repetía esa frase una y otra vez a sus socios. Hablaba del sótano con su anexo en forma de calabozo, al cual el jefe de la banda necesitaba darle uso para recuperar parte de la «inversión». No había sido el único gasto, también le había regalado una combi Mitsubishi amarilla a su hijo Daniel, quien había regresado al país después de una larga estadía en el exterior. A partir de ese momento, el clan sumó un nuevo integrante y otro vehículo para transportar víctimas.

Mientras Arquímedes planificaba otro secuestro, Argentina vivía un particular momento histórico. Desde el 10 de diciembre de 1983, el país era gobernado por Raúl Alfonsín, candidato de la Unión Cívica Radical, quien había ganado las primeras elecciones democráticas que siguieron a la dictadura iniciada en 1976. Como dijimos, ese gobierno militar había recurrido a la detención ilegal, a la tortura, el asesinato y la desaparición de personas para conseguir sus fines políticos. En un caso sin precedente en el mundo, en abril de 1985, las juntas militares responsables de ese genocidio comenzaron a ser juzgadas.

Nadie en el país estaba ajeno a esa situación excepcional. Ni siquiera Arquímedes, quien a pesar de haber participado de grupos de la ultraderecha católica y peronista, así como de haber colaborado con los «servicios de inteligencia» de la dictadura, encontró en los crímenes de lesa humanidad cometidos por los jerarcas militares la excusa perfecta para decidir cuál sería su próxima víctima.

Su nombre era Nélida Bollini de Prado. Era dueña de una funeraria y de dos de los más grandes concesionarios de Ford Argentina. En 1985 tenía 58 años y alrededor de ella y su familia circulaban rumores que la vinculaban con la última dictadura. Uno de ellos afirmaba que sus hijos realizaban negocios con Emilio Massera, jefe de la Armada y uno de los integrantes de la primera junta militar, que gobernó luego del golpe de Estado de 1976. Y justamente no se trataba de negocios limpios. El rumor aseguraba que los Prado incineraban cuerpos de personas asesinadas por el régimen a cambio de quedarse con sus pertenencias.

El dato lo acercó Roberto Oscar Díaz, quien conocía a Nélida Bollini de Prado por su trabajo vinculado con el mundo automotriz. Lo cierto era que Arquímedes partió de esas habladurías para entrar en acción. No le importaba si aquel rumor era cierto o no, únicamente utilizó esa información como pretexto ideal para poner en funcionamiento la maquinaria del clan.

A mediados de 1985, la banda tenía todo listo para el golpe y Arquímedes decidió que fuera el 23 de julio. Ese día, por la tarde, Daniel «Maguila» Puccio condujo su combi Mitsubishi amarilla, acompañado por su padre y Fernández Laborda hacia el barrio porteño de Boedo, sobre la calle Quito al 4300, a una manzana del apartamento de Nélida Bollini de Prado. Allí esperaron hasta el momento en que apareciera su nueva víctima.

En tanto, Nélida descansaba en su hogar. Había trabajado todo el día y en unos minutos iría a visitar a uno de sus hijos y a sus nietos. Sería un fin de jornada feliz junto a sus seres queridos, pero apenas cerró la puerta del edificio fue interceptada por tres hombres que la amarraron, le pusieron una capucha y la arrojaron al interior de la camioneta. Para el clan era un día de «estrenos»: Daniel «Maguila» Puccio participaba por primera vez de un secuestro y Nélida Bollini de Prado sería la primera huésped de la mazmorra construida debajo de la casa de los Puccio. Apenas llegaron, la acostaron, la encadenaron a la cama y la sedaron.

El habitáculo era pequeño y estaba saturado de aroma a pasto mojado. Además de la cama, había una mesa y un balde de pintura reconvertido en retrete. Pasaron unas horas y Arquímedes Puccio hizo lo de siempre: fue hasta un teléfono público y llamó a los familiares de la víctima, esta vez, a los hijos de la empresaria.

«Quiero un millón de dólares por la libertad de su madre», exigió. Era el rescate más alto de su historial delictivo. Necesitaba dinero cuanto antes, ya que el fallido secuestro de Emilio Naum había desbalanceado las finanzas que le permitían sostener la apariencia de familia acomodada de San Isidro. Antes de cortar la comunicación y como lo hacía habitualmente, les advirtió: «Ni se les ocurra avisar a la policía». Por primera vez, la familia no hizo caso de la amenaza, por lo que la investigación del secuestro de la empresaria comenzó casi inmediatamente.

Para Nélida Bollini de Prado, los días transcurrían como una pesadilla eterna. La mayor parte del tiempo estaba sedada y casi siempre era atendida por hombres encapuchados, aunque más tarde recordaría ante la justicia que también escuchó voces femeninas. Solían darle hamburguesas y arroz con pollo para comer —la especialidad de Epifanía—, la mujer de Arquímedes.

El olor a pasto solía quitarle el aire, y el bullicio de una radio constantemente encendida le producía un estado de desesperación que solo podía apaciguar con el sueño. A veces, cuando estaba lúcida y no advertía la presencia de nadie cerca, Nélida Bollini de Prado solía ponerse de pie. Pero apenas oía un ruido volvía a acostarse en la cama. Así pasaban las horas y los días, sin novedad alguna que la ilusionara con una pronta libertad.

Mientras tanto, a pedido del Departamento de Defraudaciones y Estafas de la Policía y la Justicia, sus hijos alargaban intencionadamente el contacto con el clan. Ese tiempo, que para Nélida Bollini de Prado fue tortuoso e inhumano, constituyó para los investigadores la oportunidad de recabar datos y pistas que permitirían acorralar a los secuestradores.

Día tras día, los investigadores obtenían más información, ya que grababan las conversaciones telefónicas. Al mismo tiempo, el monto inicial del rescate iba bajando durante esas negociaciones que parecían interminables: Arquímedes Puccio había pasado de exigir un millón a 250.000 dólares.

Finalmente, llegó la jornada elegida para cobrar el rescate. Al menos, eso era lo que suponían Arquímedes Puccio y sus socios. De lo que no estaban al tanto, era de que la policía les pisaba los talones desde hacía algunos días.

El viernes 23 de agosto de 1985, Arquímedes Puccio, su hijo Daniel «Maguila» Puccio y Fernández Laborda llegaron a una esquina del barrio porteño de Floresta. Allí, en una gasolinera, debían dejar una prueba de vida de Nélida Bollini de Prado para ser recogida por la familia. Más tarde, el periplo de postas les llevaría hacia el ansiado botín. Pero eso nunca sucedió. La policía entró en acción rápidamente y les detuvo cuando estaban por llamar a los hijos de la víctima. La confesión de Daniel Puccio fue rápida: «La tenemos en el sótano». La frase fue la llave que horas después liberó a Nélida. Habían pasado 32 días desde el momento del secuestro.

La mujer fue la última víctima del clan. A partir de su liberación, las imágenes de los Puccio y del resto de la banda comenzaron a inundar noticiarios televisivos y las portadas de periódicos y revistas, y la opinión pública supo los secretos de esa familia aparentemente educada y de buenos modales de San Isidro. Detrás de esa fachada de normalidad de padre, madre e hijos sonrientes que jugaban al *rugby* en el club más tradicional del país, había un mundo de torturas, secuestros y asesinatos. El siniestro juego teatral había terminado. Les esperaban largas horas en celdas policiales y salas judiciales. Poco se sabía en ese momento, y todavía tenían mucho para decir.

Capítulo 4

LOS INVOLUCRADOS
Y LAS CONDENAS

«Yo entré a la casa de los Puccio (…). Estoy
convencida de que es imposible que alguien que
viviera allí no supiera nada de lo que ocurría
(…). ¿Qué pasaba cuando gritaban las víctimas?
¿Quién les daba de comer? Es obvio que Epifanía
sabía, ella les cocinaba y además era la que
aprovechaba el dinero de los rescates.»
ROGELIA POZZI, viuda de Eduardo Aulet, al
diario *La Nación*, 21 de agosto de 2015.

Después de las detenciones, llegaron los interrogatorios, aunque nadie dijo demasiado; excepto Arquímedes Puccio, quien parecía declamar líneas de guion escritas en su mente con motivo de esta ocasión especial. Su declaración fue estrambótica.

Le contó a la policía y al juez que le habían obligado a secuestrar a Nélida Bollini de Prado, que le habían retenido por una cuestión política y no por dinero. Los autores de esa supuesta presión serían un par de hombres —a quienes no identificó— vinculados con los familiares de las personas desaparecidas durante la última dictadura militar. ¿Por qué habían elegido a la empresaria? Porque, de acuerdo con la versión de Arquímedes Puccio, ella tenía información sobre lugares donde estaban enterrados los cuerpos de muchos desaparecidos.

A pesar de insistir incansablemente en esta versión para negar su responsabilidad —lo haría hasta poco antes de su muerte—, la farsa de Arquímedes Puccio cayó finalmente con el correr de los días, y la situación judicial se complicó aún más para él, para sus hijos Alejandro y Daniel «Maguila» Puccio, así como para sus socios. Las pruebas les vinculaban directamente con los secuestros de Ricardo Manoukian y Eduardo Aulet, y con el asesinato de Emilio Naum.

Durante los registros policiales realizados en la casa de Martín y Omar 544, la policía halló gran cantidad de documentación en el despacho de Arquímedes Puccio. Su obsesión de registrar por escrito cada movimiento de la banda terminó por convertirse en su propia trampa: en esos papeles y cuadernos, estaban las indicaciones de los pagos, las referencias al sistema de postas y las notas sobre los seguimientos que realizarían a las futuras víctimas.

También encontraron unas 200 latas de refrescos, similares a las utilizadas para dejar mensajes a los familiares de los secuestrados. Pero no solo había datos y pruebas, sino alguien que representaba el eje en el que todas las víctimas convergían. Fue el mismo Alejandro Puccio —aunque siguiera el ejemplo de su padre a la hora de negarlo todo— quien permitió relacionar todos los cabos sueltos. Era él quien unía las historias de todas las víctimas. Conocía a Manoukian y a Aulet, esa era la punta del ovillo que ayudaría a los investigadores a desentrañar los crímenes.

Días después de la detención, surgió otro nexo. En una oportunidad, la jueza Servini de Cubría, que investigaba el secuestro de Nélida Bollini de Prado, citó en su oficina a Florencio Aulet, padre de Eduardo, junto a Rogelia Pozzi, viuda del empresario, para hacerles escuchar las grabaciones de las conversaciones entre los secuestradores y los hijos de la mujer. Apenas oyeron esa voz metálica y perversa que exigía dinero y daba indicaciones, no tuvieron dudas: era la misma que habían escuchado dos años atrás, la de Arquímedes Puccio.

A pesar de estas conexiones, la justicia necesitaba más pruebas para vincular al clan con los secuestros y asesinatos de Ricardo Manoukian y Eduardo Aulet. Y si esos vínculos no aparecían en los próximos meses con una fuerza incontrastable, los Puccio y sus secuaces serían condenados con penas leves, de entre cinco a quince años de prisión, debido a que solo estaban acusados del secuestro de Nélida Bollini de Prado y no por los otros casos. Además, existía otro escollo: cada caso tenía su propio juez, lo que obstaculizaba una investigación general que diera cuenta de la responsabilidad del clan Puccio en todos los secuestros.

Pero en noviembre de 1985 un hecho encauzó al fin las investigaciones judiciales hacia un único punto de conexión entre todos los secuestros. El 3 de noviembre de ese año, fue detenido Gustavo Contepomi, el entregador de Aulet, quien decidió confesar.

El de Nélida Bollini de Prado no había sido el único secuestro, señaló, y aseguró taxativamente que la banda «también secuestró a Manoukian y Aulet, y mató a Naum». Agregó, además, que Alejandro Puccio fue quien abrió el portón cuando llevaron a Eduardo Aulet a la casa de San Isidro. La confesión era muy reveladora, pero la justicia necesitaba pruebas. Sin embargo, la declaración de Contepomi tuvo un efecto tan inesperado como importante: en el interior del clan el pacto de silencio estaba en trance de quebrarse.

Y así fue. Pocos días después, el 8 de noviembre, cerca de las diez y media de la mañana, Alejandro Puccio fue llevado a declarar frente al juez en el palacio de Tribunales de la ciudad de Buenos Aires por el secuestro y asesinato de Eduardo Aulet. Había sido detenido el mismo día del registro policial estando en la casa de San Isidro con su novia, Mónica Sörvik, y desde ese día había negado ser parte del plan.

Hacía calor cuando Alejandro bajó de la furgoneta policial para ir a declarar ante el juez Héctor Grieben. Todo se había complicado para él después de la declaración de Contepomi: «Alejandro fue quien nos abrió la puerta...». Los abogados de su padre le esperaban en el pasillo del gran edificio de justicia conocido popularmente como «Tribunales», en pleno centro de Buenos Aires, frente a la plaza Lavalle y a pocos metros del Teatro Colón. Y también estaban sus amigos, que siempre le apoyaron y defendían su inocencia porque le creían, hasta ese día. Mónica le seguiría visitando y apoyando siempre. Además, había varios periodistas, y mucho revuelo.

Alejandro Puccio llevaba vaqueros y una camisa de manga corta, estaba muy delgado, el pelo revuelto, la cabeza baja, su mirada abatida no dejaba el suelo. Entró en el ascensor con las manos esposadas por delante junto a los policías de custodia; bajaron en el quinto piso. Allí se encontraría con el grupo que lo aguardaba, pero nunca llegó. Dio un brusco empujón al policía que salía en ese momento con él del ascensor, como en la cancha de *rugby*, comenzó a correr y saltó disparado con todas sus fuerzas para volar por encima de la alta baranda que rodea los pisos del antiguo edificio y desplomarse 20 metros más abajo, sobre el piso del patio interior del palacio de justicia.

No estaba muerto, el cuerpo había rebotado en su caída contra el techo de chapa de un local de la DGI o Hacienda. Los paseantes se espantaron, pensaron que era un atentado y se refugiaron tras las enormes columnas de la planta baja. Entonces vieron el cuerpo, la cabeza hacia un costado, el charco de sangre, el muchacho ahogándose en ella y convulsionando. Rápidamente llegó la policía, cortó las esposas, bajaron el cuerpo con cuidado envuelto en una sábana, y la sirena de la ambulancia se fue veloz chillando calles abajo y a toda velocidad hacia el Hospital Fernández.

Las interpretaciones de este intento de suicidio fueron varias. Una de ellas indicaba que Alejandro estaba acorralado y prefería acabar con su vida antes de terminar preso. La otra la dio él mismo en las dos cartas que traía escritas. Una para su novia: «Amor, estoy harto de esta mierda y no quiero seguir siendo un *punching-ball* por cosas en las que jamás participé. ¡Qué le vas a hacer si me tocó un padre loco! Fuiste lo mejor que me pasó en la vida»; otra, para sus amigos y sus abogados: «Me tocó un padre que no tuve la opción de elegir».

Recién unos meses después llegaría la conexión definitiva con los secuestros de Ricardo Manoukian, Eduardo Aulet y Nélida Bollini de Prado. Rogelia Pozzi, viuda de Eduardo Aulet, tuvo acceso a los expedientes del caso Manoukian y pudo ver los mensajes escritos a máquina que enviaba el clan.

Al compararlos con los que ella misma había recibido se dio cuenta de un detalle: el tipeo de la letra N tenía la misma falla en todos ellos. Se lo dijo a la justicia, era muy probable que los textos relacionados con esos dos secuestros, separados entre sí por un año, hubieran sido redactados con la misma máquina de escribir, la de Arquímedes Puccio.

Casi al mismo tiempo, Rogelia Pozzi recibió una información muy valiosa por parte de un miembro de las fuerzas de seguridad. Roberto Oscar Díaz, detenido como posible entregador de Nélida Bollini de Prado, había confesado a otro recluso su verdadera participación en el clan. La viuda de Aulet estaba convencida de que Arquímedes Puccio y sus secuaces habían sido los responsables de las muertes de su marido y de Ricardo Manoukian, y llevó este dato al juez federal de San Isidro, Alberto Piotti, quien decidió tomarle declaración a Díaz.

Frente al juez, el mecánico confirmó lo dicho a su compañero de celda y agregó algo más: la banda había asesinado a Emilio Naum. Durante su testimonio, Díaz también aportó otro dato relevante: el lugar donde estaba enterrado el cuerpo de Aulet en General Rodríguez.

Y hacia allí mismo fue la policía el 18 de diciembre de 1987, y después de realizar distintas excavaciones, terminó por hallar los restos del joven empresario. Habían transcurrido cuatro años y siete meses desde la última vez que su esposa, Rogelia Pozzi, le había visto con vida.

Durante esos días, la investigación judicial avanzó al establecer nuevas conexiones entre los tres secuestros y el asesinato de Emilio Naum. Es más, se realizaron pericias y entrecruzamientos de datos para establecer probables vínculos entre la banda de San Isidro con otros secuestros extorsivos sucedidos años atrás que permanecían impunes.

El caso más resonante fue el del empresario Ricardo Lanusse, quien estuvo nueve días secuestrado en enero de 1985. Su testimonio, en el que describía el lugar donde había estado retenido coincidía en mucho con el hogar de los Puccio, pero cuando fue a reconocerlo aseguró que ese no era el sitio en el que había estado. Los investigadores sospechaban que la víctima había realizado un pacto con el clan que consistía en mantener su silencio a cambio de seguir con vida.

Por otra parte, mientras buscaban el cuerpo de Aulet, el juez Piotti comenzó a escuchar el nombre de Herculiano Vilca, señalado como el autor del pozo donde habían enterrado al joven empresario. El magistrado le tomó declaración y después de confesar que había realizado la excavación por pedido de Arquímedes Puccio, supuestamente para arrojar basura, quedó detenido.

El 20 de diciembre de 1987, el juez Piotti escuchó una nueva confesión. Esta vez era la de Fernández Laborda, quien admitió haber asesinado a Manoukian y Naum —Díaz, por su parte, ya había confesado el asesinato de Aulet—. De este modo, el juez llegó a la conclusión de que los tres secuestros y el asesinato de Emilio Naum estaban conectados, y así lo declaró ante la prensa. Al día siguiente, la portada de *Clarín* titulaba: «Dieron por esclarecidos los crímenes de los Puccio».

A partir de ese momento, la justicia tendría la responsabilidad de establecer cuáles serían las condenas de cada uno de los imputados pertenecientes al clan Puccio.

Después de las confesiones de algunos integrantes, las cartas estaban echadas y solo quedaba aguardar la sentencia. Mientras Gustavo Contepomi, Roberto Díaz y Guillermo Fernández Laborda contaban al juez detalles sobre los crímenes cometidos, Arquímedes y Alejandro Puccio seguían negándolo todo.

SECUESTROS S.A

No es posible, hasta ahora, señalar una fecha que indique con exactitud el momento en que Arquímedes Puccio y sus secuaces comenzaron a secuestrar seres humanos para obtener, a cambio de su liberación, altas sumas de dinero. De todos modos, fuentes judiciales informaron que la primera víctima de esta banda fue Enrique Pels, un alto ejecutivo de la firma Bonafide, quien debió pagar un millón de dólares para poder permanecer en el mundo de los mortales. Pero aquel secuestro extorsivo pasó inadvertido. El hombre de Bonafide jamás quiso tocar el tema. De todos modos, Arquímedes Puccio fue procesado por esa causa y sobreseído, luego, por falta de pruebas.

Pasaron varios años para que la banda efectuara un nuevo secuestro. No se sabe quién fue la primera víctima de esa etapa. Sí se sabe que Arquímedes Puccio, a partir de la década del ochenta, quería explotar un terreno, en el que no encontraba mucha competencia, y que podía significar un brillante negocio: la industria del secuestro. "Esta es una industria sin chimeneas y con poca mano de obra", aseguró a uno de sus compinches.

La organización, desde que se puso en marcha, protagonizó más de diez secuestros. "Si uno hiciera la cronología de todos estos hechos extorsivos podrá sacar algunas conclusiones —explicó el juez Federal de San Isidro, Alberto Daniel Piotti—. Por ejemplo, lo hacían en forma cíclica y cada seis u ocho meses llevaban a cabo un secuestro".

Los Puccio seguían una metodología de 'trabajo': lograban que la víctima les tuviera confianza. El generar confianza hacia los futuros secuestrados era una constante. Se acercaban a la persona elegida, la invitaban a comer, le ofrecían buenos negocios. El operativo confianza era fundamental para sus planes. Pero había más: la banda tenía un contacto en un importante banco, con sucursales en todo el país, averiguaba cuánto dinero tenía esa persona. Si la cuenta bancaria interesaba, ponían manos a la obra. La industria del secuestro seguía su marcha.

No fue el primero, pero significó desenmascarar a la organización, el 23 de agosto de 1988, grupo de cuarenta y cinco personas de la división Defraudaciones y Estafas de la Policía Federal [al] mando del comisario Mario [Fer]nández —de cuestionada actuación en el caso Sivak, donde [tam]bién intervino— y efectivos [de] policía de la provincia de Buenos Aires, lograron esclarecer el secuestro de la empresaria No[...] Bovini de Prado, ocurrido el 2[...] julio de ese mismo año.

En la tarde del 23 de agosto grupo policial había arrestado tres de los delincuentes que intervinieron en el hecho. Dos de ellos eran Arquímedes Puccio y su [...] Daniel (Maguila, para sus [ami]gos). Razón por la cual los pesquisas apuntaron el procedimiento hacia la casa de los Puccio, ub[...]

REDEDOR DE UNA DECENA DE SECUESTROS EXTORSIVOS —VARIOS CULMI-
DOS EN ASESINATO— SE CALCULA QUE FUERON EJECUTADOS POR LA BAN-
DE ARQUIMEDES PUCCIO. EL JEFE DEL CLAN, CINICAMENTE, DESCRIBIA LA
TIVIDAD COMO "UNA LUCRATIVA INDUSTRIA SIN CHIMENEAS Y CON POCA
NO DE OBRA". ADEMAS DE LA SINIESTRA TRAMA FAMILIAR QUE SERVIA DE
E A LA ASOCIACION ILICITA. CAUSA ESTUPOR EL ESTILO DE ELECCION DE LAS
TIMAS. A LAS QUE SE ACERCABAN A TRAVES DE LA AMISTAD.

ALEJANDRO PUCCIO

er de fama, figura querida de
sidro, era quien habitualmente
la puerta de su casa cuando le
banda de su padre —que él
agraba—, traía a las víctimas.
ró con Aulet y Manoukián, dos
óvenes como él, más tarde
alevosamente asesinados.

DANIEL PUCCIO

Arrestado desde el '85 por su
actuación en el secuestro de la viuda
de Prado. En los otros casos, se trata
del único miembro del "clan" al que
el mecánico Díaz no acusó
formalmente. Su grado de
participación en los secuestros
extorsivos sigue investigándose.

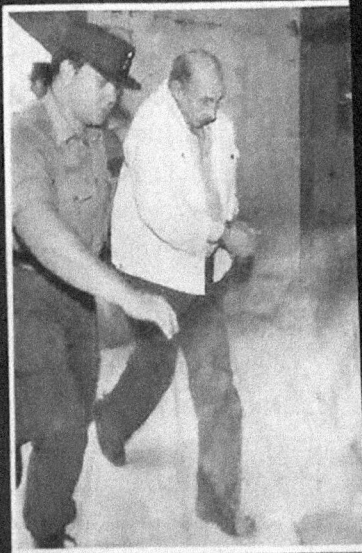

GUSTAVO CONTEPOMI

Es la versión porteña de Judas.
Entregó a uno de sus amigos,
Eduardo Aulet, al clan Puccio. Antes
de ello, había dicho: "llegó la hora
de que yo también haga un buen
negocio y dejo de conformarme con
las migajas que me tiran mis amigos
ricos"

"Martín y Omar al 500, en el
de San Isidro. "Mi casa
ena de explosivos, ape-
tren vuela todo por el ai-
enazó el viejo Arquímedes
olicías. Estaba perdido y
ugarse una última carta.
s policías no se asustaron
ron al lugar, y en un sótano
te, debajo de la casa de
cio, encontraron a la viuda
o, encadenada en un ca-

dos hijos de la señora de
habían hecho la denuncia
cuestro pocos días des-
e ocurrido. Se convino con
ía —estrategia median-
rgar las conversaciones
delincuentes para poder
rlos. Se vigilaron bares
se colocarían algunos
es, se interceptaron llama-

dos y se vigilaron todos los movimientos de la gente que rodeaba
a los Prado. A nadie escapaba
que había un entregador. Alguien
que debía conocer los movimientos de la familia Prado y también el
dinero que manejaban. La investigación condujo a Roberto Díaz,
jefe de los talleres de mantenimiento de una concesionaria
—Alberto J. Armando— con la
que trabajaban los Prado. No se
equivocaron.
A partir de ese momento, se
produjo la captura del resto de la
banda. En Parque Patricios, a metros de la cancha de Huracán,
donde los Prado debían pagar el
rescate, fueron arrestados Arquímedes Puccio, su hijo Daniel y
Guillermo Fernández Laborde.
Luego, en la casona de San Isidro,
serían detenidos Alejandro Puc-

cio y su madre, Epifanía Angeles
Calvo —dos años después deja-
da en libertad en esta causa— La
policía también detuvo al coronel
retirado Rodolfo Victoriano Franco y a Gustavo Contepomi. Este
"taller" de la industria del secuestro había quebrado.
El tiempo pasa. En 1987, el juez
Federal de San Isidro, Alberto
Piotti, decidió por su propia inicia-
tiva remover un viejo caso pen-
diente, prácticamente archivado
en su jurisdicción. El secuestro y
posterior muerte de Ricardo Manoukián (entonces de 24 años),
cuya familia era la propietaria de

declarar a Díaz por el caso Manoukián y surgió lo imprevisible: el
fornido mecánico confesó su participación en los asesinatos de
Eduardo Aulet (mayo del '83) y de
Emilio Naum (junio del '84) Además, involucró a todos sus cómplices: Arquímedes Puccio y
compañía. Precisó asimismo
que él había sido el ejecutor mate-
rial de la muerte de Aulet.
"Doctor —dijo Díaz entre sollo-
zos—, yo maté a Aulet. Ellos
—se refiere al clan Puccio— me
pidieron una prueba de sangre,
para incorporarme a la organización. Así lo hice". La pregunta

«SECUESTROS S.A.», titular de prensa sobre la
detención y actividades de los Puccio, muestra
la repercusión que tuvo la noticia en distintos
medios del país y del mundo.

Antes y después de su intento de suicidio, Alejandro juró y perjuró que él no tenía ningún conocimiento sobre las actividades delictivas de su padre. Por su parte, Arquímedes Puccio reconoció únicamente el secuestro de Nélida Bollini de Prado, no por asumir el delito, sino porque, sencillamente, era el que mejor parado le dejaba ante una futura condena judicial, ya que la víctima había sido rescatada con vida.

Pero el día de hacer justicia tardó mucho en llegar. El veredicto se conoció recién en diciembre 1995, una década después de la detención del clan Puccio.

Partícipes directos

La justicia condenó a Arquímedes Puccio a cadena perpetua más la accesoria de reclusión por tiempo indeterminado, que asegura una condena máxima, por los delitos de secuestro y asesinato. Su hijo Alejandro Puccio recibió la pena de reclusión perpetua únicamente por el secuestro y homicidio de Ricardo Manoukian; ya que su vinculación con el resto de los casos no pudo ser corroborada por la Justicia, a pesar de haber sido reconocido por familiares de secuestrados y de ser acusado por miembros del clan.

Daniel «Maguila» Puccio corrió mejor suerte que su hermano mayor, porque solo se pudo comprobar su participación en el último episodio delictivo. Había regresado al país poco antes del secuestro de Nélida Bollini de Prado y, aunque fue detenido en agosto de 1985, pasaría poco tiempo en la cárcel.

Roberto Osvaldo Díaz recibió la pena de reclusión perpetua por el homicidio Eduardo Aulet y su participación en los demás secuestros.

Guillermo Fernández Laborda tuvo la misma pena por los homicidios de Ricardo Manoukian y Emilio Naum, más 15 años de reclusión por el secuestro de Nélida Bollini de Prado.

El coronel Roberto Victoriano Franco también recibió la condena de reclusión perpetua por haber sido parte de una asociación ilícita y por haber facilitado su arma para el asesinato de Emilio Naum.

A Gustavo Contepomi le cupo igual pena por ser partícipe necesario del secuestro y homicidio de Eduardo Aulet.

Finalmente, Herculiano Vilca, el albañil que cavó la fosa en General Rodríguez donde ocultaron el cadáver, fue condenado a diez años de prisión por ser partícipe necesario en el asesinato de Eduardo Aulet.

Todos sabían

La jueza María Servini de Cubría fue la encargada de investigar el secuestro de Nélida Bollini de Prado y, por lo tanto, la primera magistrada en tomar declaración a los integrantes de la familia Puccio. Durante toda la investigación, una pregunta rondaba por su mente todo el tiempo: ¿era posible mantener de rehén a una mujer en el sótano de una casa familiar donde viven seis personas sin que nadie se hubiera dado cuenta? El interrogante no era menor, porque si habían tenido conocimiento, eran cómplices del crimen. Pero la respuesta siempre fue la misma. Al igual que Alejandro, Epifanía y Silvia afirmaron una y otra vez que no sabían nada de la presencia de Nélida en el subsuelo de la casona.

A pesar de escuchar esos testimonios decenas de veces, la jueza Servini de Cubría tenía una certeza: todos sabían lo que sucedía en la casa de Martín y Omar 544. Para ella era imposible que nadie se hubiera preguntado nada sobre el movimiento constante de personas ajenas a la familia. Además, le resultaba extraño que tanto Epifanía como Silvia desconocieran cuál era el trabajo de Arquímedes.

¿Con qué dinero sostenía su esposo y padre el estándar de vida que llevaban? No parecía preocuparles demasiado este asunto. Servini de Cubría tenía la seguridad de que Epifanía había sido la encargada de preparar la comida para los secuestrados. Sobre Silvia, mayor de edad en aquella época, poseía un dato que le permitía inferir que sabía más de lo que contaba: su taller de cerámica estaba situado frente a la puerta del sótano. «¿Nunca oyeron ni vieron nada?», se preguntó la jueza una y mil veces.

A pesar de esas pruebas y de su sospecha recurrente, Servini de Cubría no tenía la suficiente información para inculpar a las mujeres en los delitos. Intentó encontrarla a lo largo de todo el proceso judicial, pero nunca logró avanzar en ello.

De todos modos, Epifanía Calvo permaneció dos años detenida en una cárcel de mujeres de Ezeiza, en la provincia de Buenos Aires, de la que fue liberada en octubre de 1987. Y estuvo procesada, pero nunca fue condenada porque una sala de la Cámara del Crimen consideró que no había suficientes pruebas contra ella.

Su hija, Silvia Puccio, también fue procesada por el mismo cargo, pero estuvo detenida solo unos pocos días. Apenas fue liberada, regresó a la casa familiar y presenció los sucesivos registros policiales y excavaciones que la policía realizó allí con el objetivo de encontrar más pruebas y posibles restos humanos. En noviembre de 1985, acompañó a Alejandro Puccio durante su internación tras haber intentado suicidarse en el palacio de Tribunales porteño.

Quedaba la hija menor. Adriana Puccio tenía 14 años cuando sus padres y hermanos fueron detenidos en agosto de 1985. Ella fue testigo de ese momento y se mantuvo impávida junto a su madre hasta que fueron separadas por los agentes de la ley. Epifanía fue trasladada en un coche de la policía rumbo a una dependencia judicial y la adolescente quedó bajo la supervisión de especialistas de un instituto de menores. ¿Cuánta conciencia de lo ocurrido podría tener Adriana?

Esa era la pregunta que se realizaban a diario la jueza Servini de Cubría, los policías, los periodistas y el público en general. La respuesta la daría días después la directora del instituto donde estaba alojada: «No se adaptó, no habló con nadie y esta chica sabe todo lo que pasaba en esa casa, aunque quizás no podía dimensionar la gravedad de los hechos». Adriana permaneció solo 48 horas en la dependencia para menores. Más tarde, quedó al cuidado de su abuela materna primero y después de sus tíos. Un funcionario judicial que intervino en el expediente aclaró cuál fue la definición final sobre Adriana: «No pudimos acusarla de nada porque no había pruebas, pero sobre todo porque era menor de edad».

Como vimos, Guillermo no estaba en el país cuando ocurrieron los secuestros y asesinatos. Por esta razón, nunca fue investigado.

Capítulo 5

¿QUÉ FUE DE ELLOS?

> «¿Arrepentido? No. ¿De qué me voy a
> arrepentir?»
>
> ARQUÍMEDES PUCCIO, programa *Informe
> Central,* canal América, noviembre de 2003.

L a fuerza de las condenas al clan Puccio puede resultar engañosa. Con los años, una serie de mecanismos legales, errores judiciales y la tardanza en confirmar las sentencias por parte de los jueces les permitieron a casi todos los integrantes de la banda recuperar la libertad.

Para los familiares de víctimas ejecutadas a sangre fría —Ricardo Manoukian, Eduardo Aulet y Emilio Naum— o retenidas más de un mes en condiciones infrahumanas —Nélida Bollini de Prado—, la confianza en la Justicia argentina se diluía una y otra vez. «Pasaron 30 años y el Estado no pudo reparar el daño sufrido por los familiares de las víctimas que (...) solo pueden recordar a sus seres queridos, mientras que los responsables recuperaron la libertad merced a legislaciones permisivas», sintetizó el juez Luis Cayuela, integrante de la Cámara de Apelaciones, al diario *La Nación,* en 2015, con motivo de los 30 años del primer registro en casa de los Puccio.

Sin duda, quien vivió la etapa siguiente a su detención de un modo más perturbador fue Alejandro Puccio. Siempre negó su participación en los secuestros y le endilgaba toda la responsabilidad a su padre. Su defensa era simple, pero poco convincente.

En el año 2000, fue entrevistado por el periodista Mariano Grondona, uno de los más importantes en aquella época, en la unidad penitenciaria 23, en Florencio Varela (provincia de Buenos Aires). Al referirse a la casa de Martín y Omar dijo que «estaba maquiavélicamente construida, alguien podía estar en el sótano (...) y no se enteraba nadie». Luego, cargó las tintas contra su padre Arquímedes y aseguró que siempre trató de alejarse de él: «Yo tenía mi negocio (la tienda de windsurf) y mi novia, jugaba al *rugby* y era feliz. No necesitaba fijarme qué hacía».

Sin embargo, en otra entrevista, al portal de noticias *Big Bang News*, en 2015, el mecánico Roberto Oscar Díaz no dudó en asegurar que el hijo mayor participó de la banda. «Alejandro era ambicioso. Lo pintan como inocente o culposo o víctima del padre. Pero era flor de turro (sinvergüenza)», detalló.

Por otra parte, familiares de las víctimas, como el tío de Ricardo Manoukian, identificaron a Alejandro Puccio en las ruedas de reconocimiento como la persona que tomó el botín en la última posta. «Para mí no toda la responsabilidad fue de Arquímedes. Los familiares no eran robots, tomaron la decisión de participar. Y los que no participaban, sabían. Y no hacían nada para detenerlo», señaló Guillermo Manoukian, hermano de Ricardo, al diario *La Nación* el 21 de agosto de 2015.

Como fuera, «Alex» fue condenado y su vida pasó de las notas en las revistas deportivas del momento al frío de su celda gris en la cárcel de Devoto. En prisión, intentó suicidarse tres veces. Primero, tragando cuchillas de afeitar; después, anudando una bufanda a un caño y finalmente, introduciendo cables de electricidad en un portalámparas. En todas fracasó. Nunca se sabrán los motivos reales de esos ensayos fallidos.

En 1997 quedó en libertad tras pagar una fianza de 500.000 pesos que obtuvo después de vender algunas propiedades familiares y poniendo como garantía la casona de San Isidro donde estuvieron secuestrados Ricardo Manoukian, Eduardo Aulet y Nélida Bollini de Prado. Durante los dos años y siete meses que alcanzó a estar fuera de la prisión, afianzó su matrimonio con Nancy Arrat, con quien se había casado en 1993. Por un tiempo vivió en la casa familiar y trabajó como repartidor de agua purificada.

La justicia volvió a apresarlo en septiembre de 1999 por considerar que se había producido un «error técnico» al otorgarle la libertad tres años antes. En el año 2000, le dieron un permiso para realizar salidas laborales. Trabajó en una clínica psiquiátrica ubicada en el centro porteño. Se había interesado por esa disciplina en la cárcel, donde estudió Psicología. De hecho, uno de sus profesores en prisión fue quien le ofreció ese trabajo. Sin embargo, en el nosocomio mental solo estuvo abocado a tareas administrativas.

Siete años después, le concedieron la libertad condicional. Había estado en la cárcel 19 años. Alejandro Puccio murió el 28 de junio de 2008, debido a una infección generalizada que contrajo en un hospital después de ser internado por una neumonía. Tenía 49 años. Nadie asistió a su funeral.

El caso de Daniel «Maguila» Puccio deja mal parada a la Justicia argentina, dado que el tiempo que estuvo en prisión fue irrisorio en relación con el crimen cometido: solo permaneció en la cárcel dos años y cinco meses, a pesar de haber sido detenido *in fraganti* junto a su padre y Fernández Laborda. En febrero de 1988, fue beneficiado por la polémica Ley 24.390 o del «dos por uno», que contabilizada cada año pasado en la cárcel sin sentencia firme como si fueran dos.

Daniel «Maguila» Puccio también regresó a la casa de San Isidro, y en marzo de ese mismo año, concedió una entrevista a la revista *Semana*. En una de sus declaraciones dijo: «El clan Puccio no existe, nunca existió. Mi madre y mis hermanos son inocentes, mi padre está más complicado, pero creo que fue amenazado para que hiciera muchas cosas». La misma e inverosímil versión de Arquímedes y Alejandro; las mismas mentiras, la misma familia.

Su obsesión por esos días era conseguir trabajo. La mayor parte de sus ingresos provenía de préstamos que le hacían sus amigos. Durante los veranos siguientes, inició dos emprendimientos comerciales en playas de la provincia de Buenos Aires: un puesto de surf en la coqueta localidad de Pinamar y un bar, llamado Toulouse, en el destino preferido por los jóvenes, Villa Gesell.

Otra vez, pasarían diez años para hacer justicia. Recién en 1998, los tribunales condenaron a Daniel Puccio a 13 años de prisión por su rol en el secuestro de Nélida Bollini de Prado. Pero ya era tarde: Daniel se había fugado del país. Algunos decían que vivía en Nueva Zelanda, otros en Brasil.

Antes de irse y en un gesto cuya calificación queda en manos de los lectores, dejó una carta dirigida a la mujer que ayudó a secuestrar. Entre otras cosas, le decía:

> «Sé que leer esta carta puede ser difícil y que le puede traer recuerdos de dolor. Deseo de todo corazón que no se sienta mal por el atrevimiento que me estoy tomando (...). Lo que pueda decir o hacer la Justicia en relación a mí, aun con la más penosa de las condenas, no tendría sentido si yo no tuviera oportunidad de expresarle a usted y a su familia, quienes fueron víctimas de tanto dolor por una actitud cobarde, irresponsable y criminal por parte mía, mi más profundo arrepentimiento y mis más sinceras disculpas (...). Yo no fui el ideólogo de aquel doloroso hecho en el que participé de manera inconsciente, es una responsabilidad moral y de respeto enviarle estas líneas».

Daniel «Maguila» Puccio decía al fin algo un poco más creíble. Pero luego huyó de la Justicia y permaneció prófugo hasta el año 2011, fecha en la que prescribió la causa judicial que le condenó a 13 años de prisión por haber participado en el secuestro de Nélida Bollini de Prado. Dos años más tarde, fue protagonista de otro episodio insólito: regresó a la Argentina y se presentó en los Tribunales para exigir la acreditación legal del fin de la sentencia. Era la forma más sencilla de dejar de ser prófugo.

Tras ese trámite, llevó una vida itinerante. En 2016 vivió unos meses con su madre en el barrio de San Telmo, pero luego regresó a Brasil. Mientras estuvo en la Argentina, se cree que mantuvo también contacto con su padre. Según algunos investigadores, habría recibido instrucciones de Arquímedes Puccio para recuperar el dinero que el clan había obtenido durante los secuestros. Sin embargo, esto no ha sido comprobado.

La última novedad sobre Daniel «Maguila» Puccio, casi adicto a darnos sorpresas, ocurrió en septiembre de 2019, cuando la policía brasileña le detuvo con 5.000 dólares y documentación falsa mientras viajaba en un autobús rumbo a San Pablo. Fue liberado un mes después y autorizado a regresar a la Argentina para visitar a su madre enferma.

Madre e hijas, descubiertas por una revista

La exitosa película *El Clan* y la miniserie *Historia de un clan*, ambas de 2015, con Guillermo Francella y Fabián Awada en el papel de Arquímedes Puccio como protagonistas, reavivaron el interés por esta familia. Pero también les jugaron una mala pasada.

En septiembre de 2016, la revista *Gente*, dedicada a la farándula y espectáculos, reveló la «nueva vida» que llevaban Epifanía Calvo de Puccio y su hija Adriana, quien ahora usaba su apellido materno. Ambas vivían en un apartamento del barrio porteño de San Telmo. Epifanía, entonces de 84 años, no quiso hablar con los periodistas, que lograron fotografiarla.

Pero los vecinos aseguraron que era amable y que tenía buen humor. Solía hacer las compras ayudada con un bastón, porque desde hacía un tiempo tenía un problema en la cadera.

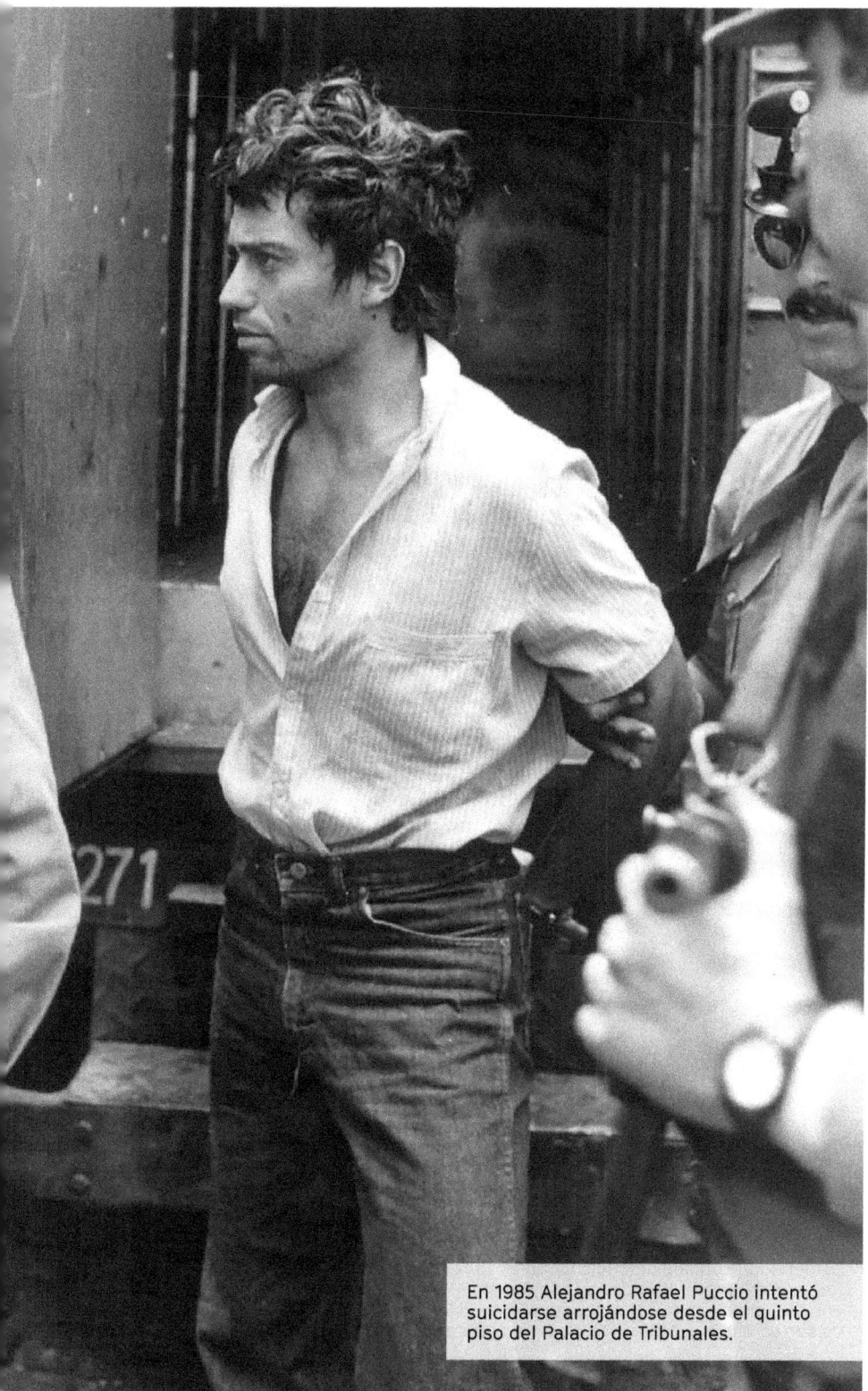

En 1985 Alejandro Rafael Puccio intentó suicidarse arrojándose desde el quinto piso del Palacio de Tribunales.

Daniel Puccio, el segundo hijo varón de la familia, fue uno de los beneficiados por la polémica Ley «del dos por uno»: cumplió una condena irrisoria a pesar de ser apresado junto con su padre y Laborda.

Todas las semanas recibía la visita de su hija menor, y durante un año y medio, también compartió el apartamento con su hijo Daniel. Según trascendió, estaba muy preocupada desde septiembre de 2019 a causa de la detención de su hijo en Brasil y se ocupó de realizar varias llamadas al consulado argentino para averiguar cuál era su situación judicial. Parte de sus ingresos provenían del alquiler de la casa de San Isidro, que por entonces seguía perteneciendo a la familia.

Adriana, ahora apellidada Calvo, trabajó en una editorial y en un banco; más tarde, se desempeñó en un negocio de venta de lanchas y motos de agua en San Fernando, a pocos kilómetros del hogar de su infancia. Al igual que Epifanía y Daniel, fue retratada por los fotógrafos de la revista *Gente* en San Telmo.

Por su parte, Silvia, la mayor de los Puccio, tuvo dos hijos, cambió de apellido y nunca perdonó a su padre. En una oportunidad, Arquímedes Puccio se comunicó telefónicamente con ella para intentar una reconciliación, pero la respuesta fue contundente: «Para mí estás muerto. Muerto en vida. Voy a cambiar el número de teléfono para que no me molestes más». Silvia falleció de cáncer en el año 2011.

Guillermo, el más pequeño de los varones, constituye un verdadero misterio. Abandonó a su familia después del secuestro de Ricardo Manoukian, probablemente, porque fue testigo de lo que estaba sucediendo en su casa y no compartía el accionar criminal de su padre. Nunca regresó a la Argentina, vive en Australia, y también cambió su apellido.

El resto del clan

Los secuaces de los Puccio tuvieron recorridos y destinos disímiles. Algunos fueron beneficiados con el arresto domiciliario cuando llegaron a los 70 años.

Si alguien alguna vez escribiera la biografía de Guillermo Fernández Laborda —mano derecha de Arquímedes en los secuestros y asesinatos— no podría dejar pasar un dato curioso: su abogado durante el juicio fue Alberto Fernández, presidente de Argentina desde 2019. La imagen que muestra a Fernández cerca del acusado fue utilizada para desprestigiarle en redes sociales. La imagen original había sido publicada por el diario *Página/12* en 1988, cuando el entonces joven abogado Fernández fue designado por sorteo como «abogado defensor de oficio» (o de pobres y ausentes) de Fernández Laborda.

Fernández Laborda estudió Sociología durante sus años en la cárcel de Devoto. Era respetado y hasta admirado por sus compañeros del Centro Universitario, a quienes en su rol de coordinador de la carrera, orientaba y aconsejaba. Laborda era capaz de explayarse en largos monólogos sobre conceptos e ideas de pensadores como Heidegger, Foucault, Bourdieu o Nietszche. Sus escritores preferidos eran Jorge Luis Borges, Gabriel García Márquez y Juan José Saer.

En marzo de 2007, le concedieron la libertad condicional, pero nueve meses después fue detenido nuevamente por usurpar la identidad de un hombre con el fin de pedir créditos bancarios. Al parecer, había realizado esa maniobra con éxito en otras oportunidades. Fue acusado de los delitos de estafa, adulteración de documento público y robo de identidad. Obviamente, regresó a la cárcel.

En 2014 Laborda accedió a dar una entrevista al periodista Rodolfo Palacios, autor del libro *El clan Puccio*. Fue en esta ocasión cuando confesó que en alguna oportunidad tuvo el deseo de matar a Arquímedes Puccio. Sin embargo, coincidió en mentir igual que el jefe de la banda al reivindicar su inocencia y declarar que los secuestros tenían motivaciones políticas. Y soltó una frase críptica, propia de la estrategia de personajes perversos y digna de una sociedad secreta que realizaba pactos de sangre: «¿Cuál es la verdad? Hay muchas verdades. No sé cuál es. Yo tengo la mía, pero nunca la diré».

A mediados de 2019, Laborda sufrió un accidente cerebrovascular que le hizo perder el habla y le dejó inmovilizado. No le faltaba mucho tiempo para salir de la cárcel. Había sido abandonado por su mujer y solo quería recuperar la libertad para conseguir un trabajo y, como él mismo decía, «ser invisible». Seis meses después del accidente cerebrovascular, el 16 de enero del 2020, Laborda falleció en un hospital de la localidad bonaerense de Ezeiza. Tenía 77 años.

El mecánico Roberto Oscar Díaz compartió celda con Arquímedes y Alejandro durante los primeros meses de reclusión, tras haber sido condenado a cadena perpetua. Cuando padre e hijo se enteraron de que había confesado, le increparon duramente e interrogaron para saber qué había dicho. Díaz no tenía ganas de conversar sobre el tema y apeló a la violencia: tomó del cuello a Alejandro y le asestó una patada en el pecho a Arquímedes Puccio.

Años después, hacia 1987, mientras se realizaban las excavaciones para encontrar el cuerpo de Eduardo Aulet, Díaz le pidió disculpas de rodillas a Rogelia Pozzi por la atrocidad que había cometido. Siempre expresó arrepentimiento por su participación en el clan.

En 2015, al cumplirse 30 años de la resolución del caso Bollini de Prado y pronta a estrenarse la película y la serie sobre el clan Puccio, Díaz dio la única entrevista que concedió a un periodista; fue a Rodolfo Palacios, autor del libro mencionado. Entonces, también el entregador de Nélida Bollini de Prado confesó, al igual que Fernández Laborda, que en una oportunidad pensó en matar a Arquímedes Puccio. También contó que no tuvo opción cuando le tocó asesinar a Eduardo Aulet. «Si no lo hacía, me hubiesen matado a mí», declaró. Después, nada más se supo de él.

Gustavo Adolfo Contepomi y el coronel Franco fallecieron mientras cumplían su condena. El entregador de Eduardo Aulet murió en la cárcel, el 3 de agosto de 1994, a los 70 años.

Guillermo Fernández Laborda era uno de los principales integrantes del clan. Confesó sus crímenes, pero no se arrepintió. Murió solo a los 77 años en un hospital de Ezeiza bajo la custodia del Servicio Penitenciario Federal.

Por su parte, el militar retirado había recibido el beneficio de la prisión domiciliaria en julio de 1998, de modo que transcurrió los últimos meses de su vida en su propia casa hasta su fallecimiento, casi a los 90 años.

Del albañil Herculiano Vilca, se sabe poco y nada. Fue liberado el 11 de noviembre de 1994 con una condición: debía fijar un domicilio, presentarse siempre que el juez lo solicitara y pedir autorización si quería ausentarse de su residencia. En sus años de encierro en la cárcel de Caseros, en Buenos Aires, había compartido calabozo con Contepomi y siempre llevaba una Biblia bajo el brazo.

Jefe y padre, un final sin lágrimas

Tras su detención, en 1985, Arquímedes transcurrió la mayor parte de su vida en diferentes prisiones de la Argentina. La primera etapa de su reclusión tuvo lugar en la cárcel de Devoto, en la ciudad de Buenos Aires, en el barrio del mismo nombre. Allí, rápidamente, se transformó en el jefe de su pabellón. Tenía mucha ascendencia sobre el resto de los presos y buen trato con los líderes de otros sectores de la prisión. Así, por ejemplo, estableció un excelente vínculo con uno de los delincuentes más emblemáticos de la Argentina durante los años 90: Hugo «La Garza» Sosa. Con él solía compartir «fiestas» en las que abundaban el alcohol, las drogas y la música.

Sin embargo, a pesar de ser respetado por los otros internos, tenía siempre a mano una «faca» de 20 centímetros, un elemento cortante de fabricación casera hecha por los mismos reclusos, que utilizan para repeler un posible ataque o usar en una pelea en el pabellón. En sus últimas entrevistas, mientras la exhibía como una reliquia de su tiempo carcelario, juraba que solo la había utilizado para intimidar.

A fines de 2002, debido a su edad, la Justicia le otorgó el beneficio de la prisión domiciliaria. Para ello tuvo que atravesar tres informes técnicos y una entrevista con el juez Adalberto Polti. «Encargué tres informes: uno social, uno psiquiátrico y uno médico. Y los tres fueron favorables. También mantuve una entrevista personal con él, en la que se mostró muy arrepentido por lo que había hecho y dijo que quería reformarse», explicó Polti a *La Nación*. Pero, como ya era costumbre, Arquímedes Puccio decía una cosa y pensaba otra. Seguramente, manifestó ese *mea culpa* solo para conseguir el beneficio de una «semilibertad».

Al poco tiempo, en noviembre de 2003, el programa de televisión *Informe Central* del canal América filmó al jefe del clan Puccio mientras cumplía arresto domiciliario en El Talar de Pacheco, un barrio humilde de la provincia de Buenos Aires. También quedó grabada una declaración que le jugaría en contra: «¿Arrepentido? No. ¿De qué me voy a arrepentir?». Ya retirado, el juez Polti se defendería al hablar otra vez con *La Nación*: «Si Puccio hubiera dicho en ese momento todo lo que dijo frente a esa cámara, tenga por seguro que le habría negado el arresto domiciliario».

De esa manera, Arquímedes Puccio debió regresar a prisión en diciembre de 2003. Posteriormente, fue trasladado a una cárcel de menor seguridad, el Instituto Abierto de General Pico, en la provincia de La Pampa, a unos 600 km de Buenos Aires. Allí podía salir de día y regresar al penal por la tarde. Pero tampoco lo cumplió: en una oportunidad fue a una despensa y robó dos sobres de sopa. El dueño del negocio le denunció y en agosto de 2005 perdió los privilegios y fue llevado a la Unidad Penal Nº 4, de Santa Rosa, capital de La Pampa.

Después de un tiempo, regresó a la institución penal de General Pico, donde el 18 de julio de 2008 consiguió la libertad condicional. Al salir de prisión, fue albergado por el pastor evangélico Héctor Villegas. Arquímedes había empezado a profesar esa religión durante su estadía en la cárcel.

En marzo de 2010, Arquímedes Puccio recibió su segundo diploma universitario: el de abogado en la Facultad de Derecho de la Universidad de Buenos Aires. Había pasado buena parte de su tiempo en la cárcel estudiando y logró graduarse gracias a un programa educativo que acercaba las carreras universitarias a los reclusos que se encontraban en prisión.

En su tiempo libre, también paseaba y alimentaba palomas en la plaza de General Pico. Si alguien se le acercaba, le entregaba una tarjeta personal en la que ofrecía sus servicios como abogado: «Doctor Arquímedes Rafael Puccio, contador público nacional, abogado, estudio jurídico-financiero, asuntos registrables, auditorías comerciales, control de la ejecución de la pena Ley 24660/96, Régimen de la Progresividad, decreto 396/99, urgencias penales las 24 horas». Uno de sus primeros clientes fue Claudio Antonio Calquipam, un ciudadano chileno que carecía de Documento de Identidad.

También vivió un tiempo solo. Lo hizo en una pequeña pieza de un inquilinato con baño compartido. Entre sus pocas pertenencias había tres carpetas donde guardaba expedientes, recortes de diarios, frases bíblicas, diez copias de los Diez Mandamientos y un poema de Almafuerte. Además, tenía fotos y un listado con 30 nombres. Según él, era el registro de sus enemigos. Y los iba tachando a medida que morían.

Arquímedes Puccio solía caminar por las calles de la ciudad o entrar a los negocios y preguntar si le conocían, si sabían quién era. De alguna manera, se vanagloriaba de su pasado criminal. Asimismo, quizá, pretendiera provocar miedo entre los vecinos de General Pico.

Un dato en particular continuaba sobresaliendo de su personalidad. Su vínculo con las mujeres continuaba mostrando un carácter misógino y perverso. Las trataba como sirvientas u objetos sexuales. Se jactaba de haber estado con 200 mujeres, y ya siendo un octogenario hacía alarde de su actividad sexual, incluso con menores de edad. Era normal que dijera groserías a sus vecinas más jóvenes.

Una de las mujeres que se acercó a él fue Graciela, 45 años menor que Arquímedes Puccio. Había sido estafada y necesitaba ayuda legal. Además de asesorarla, comenzó a seducirla y así consiguió su cometido: se puso de novio con ella. Como era habitual en su modo de actuar, el lazo afectivo era una pantalla para quedarse con sus ahorros y propiedad. Pero no logró su objetivo, Graciela le dejó a tiempo, y Arquímedes Puccio se quedó sin residencia.

Fue entonces que apareció en su vida Eliud Cifuentes, un nuevo pastor evangélico, quien le trató como un amigo y le cobijó en su hogar hasta el día de su muerte. Fue también el religioso quien se encargó de cuidarle después de que Arquímedes Puccio sufriera un accidente cerebrovascular que lo dejó postrado e inmovilizado en una cama.

Aun así y en ese estado, recibió a un periodista de General Pico, a quien volvió a asegurarle que no tenía ninguna relación con los secuestros y asesinatos de Ricardo Manoukian, Eduardo Aulet y Emilio Naum, y que había sido víctima de un complot. Solo reconocía su participación en el caso de Nélida Bollini de Prado, pero adjudicaba el secuestro a motivaciones políticas.

Arquímedes Puccio falleció el 4 de mayo de 2013, a los 83 años. Su cadáver pasó una semana en la morgue, sin que nadie quisiera hacerse cargo del velatorio y sepelio. Finalmente, fue enterrado como NN. Nadie acudió al entierro. Solo asistieron dos policías y dos empleados del cementerio de General Pico, quienes le sepultaron en un espacio dedicado a los muertos no reclamados. Uno de sus últimos deseos fue un epitafio —«Dispuse de todo y lo tuve todo. Pero no me sirvió de nada»—. Sin embargo, hasta 2020, sobre sus restos solo había una cruz y una pequeña placa con su nombre y fecha de deceso. Nadie cumplió su último deseo ni lloró su muerte.

PERFIL CRIMINAL

Nacimiento: Buenos Aires, Argentina, 14 de septiembre de 1929.

Infancia y juventud: hijo mayor de los cuatro que tuvieron Juan Puccio e Isabel Ordano. Desde niño se destacó por su inteligencia y carácter estricto. Le gustaba recitar poesías y jugar al básquet.

Ocupación: Contador público, diplomático, miembro de servicios de inteligencia de las Fuerzas Armadas, abogado, secuestrador, asesino.

Esposa e hijos: en 1957 se casó con Epifanía Ángeles Calvo, con quien tuvo cinco hijos (Alejandro, Silvia, Daniel, Guillermo y Adriana).

Perfil: manipulador, psicópata,ególatra y mitómano. Líder de un clan creado para realizar secuestros extorsivos.

Tipo de víctimas: empresarios y empresarias con un alto nivel adquisitivo. En su mayoría eran jóvenes.

Crímenes: en 1973 formó parte de una banda que realizó un secuestro extorsivo. Durante la década de los años 1980, la investigación policial solo pudo comprobar su participación en cuatro secuestros extorsivos, de los cuales tres terminaron en asesinatos. Solamente, asumió uno de los delitos, pero no los crímenes.

Modus operandi: algún miembro del clan conocía con anterioridad a la víctima, en casi todos los casos fue Alejandro Puccio, su hijo mayor. Eran personas de confianza y con las que solían mantener un vínculo. Las secuestraban en un supuesto encuentro casual, cobraban el rescate y las asesinaban.

Condena: fue sentenciado a cadena perpetua más la accesoria de reclusión por tiempo indeterminado por secuestro, asesinato y asociación ilícita. Recibió el beneficio de la libertad condicional en 2008. Murió a los 83 años, después de sufrir un accidente cerebrovascular.

Bibliografía

FRESCÓ, Daniel. *Secuestros S.A.* Planeta, 2004.

IRURZUN, Ricardo. *Dos familias peligrosas: el clan Puccio, los Barker.* Galerna, 1997.

JUVENAL, Carlos. *Buenos muchachos: la industria del secuestro en la Argentina.* Planeta, 1994.

PALACIOS, Rodolfo. *El Clan Puccio.* Planeta, 2015.

Películas y TV

Historia de un clan, miniserie de televisión, dirigida por Luis Ortega (2015).

El Clan, película de Pablo Trapero (2015).

TÍTULOS DE LA COLECCIÓN

TED BUNDY
LA MENTE DEL MONSTRUO

***

JOHN WAYNE GACY
EL PAYASO ASESINO

***

DENNIS RADER
BTK: ATAR, TORTURAR Y MATAR

***

ANDRÉI CHIKATILO
EL CARNICERO DE ROSTOV

***

HENRY LEE LUCAS
EL PSICÓPATA SÁDICO

***

AILEEN WUORNOS
LA DONCELLA DE LA MUERTE

***

CHARLES MANSON
LA NOCHE DE LA MASACRE

***

EL ASESINO DEL ZODÍACO
UN ACERTIJO SIN RESOLVER

***

ANDREW CUNANAN
EL ASESINO DE VERSACE

***

JEFFREY DAHMER
EL CANÍBAL DE MILWAUKEE

ALEXANDER PICHUSHKIN
EL ASESINO DEL AJEDREZ

* * *

PEDRO ALONSO LÓPEZ
EL MONSTRUO DE LOS ANDES

* * *

HAROLD SHIPMAN
EL DOCTOR MUERTE

* * *

ARQUÍMEDES PUCCIO
EL SINIESTRO LÍDER DEL CLAN

* * *

GILBERTO CHAMBA
EL MONSTRUO DE MACHALA

* * *

MARY BELL
LA NIÑA ASESINA

* * *

DONATO BILANCIA
EL ASESINO DEL TREN

* * *

JACK EL DESTRIPADOR
EL TERROR DE WHITECHAPEL

* * *

MANUEL DELGADO VILLEGAS
EL ARROPIERO: UN PSICÓPATA NECRÓFILO

* * *

JEAN-CLAUDE ROMAND
EL PARRICIDA MITÓMANO

www.ingramcontent.com/pod-product-compliance
Lightning Source LLC
Chambersburg PA
CBHW060439090426
42733CB00011B/2330